Sarah Sands

DAS IGEL-TAGEBUCH

Sarah Sands

DAS IGEL-TAGEBUCH

Über die Hoffnung und
einen stacheligen Gefährten

Aus dem Englischen
von Sofia Blind

Das bei der Produktion dieses Buches entstandene CO_2 wurde durch die Finanzierung von Klimaschutzprojekten kompensiert: climate-id.com/17531-2110-1001/de

Die englische Originalausgabe erschien 2023 unter dem Titel ›The Hedgehog Diaries. A Story of Faith, Hope and Bristle‹ bei New River Books, London.
© Sarah Sands, 2023
International Rights Management:
Susanna Lea Associates on behalf of New River Books

1. Auflage 2024
© 2024 für die deutsche Ausgabe: DuMont Buchverlag, Köln
Alle Rechte vorbehalten
Übersetzung: Sofia Blind
Lektorat: Kerstin Thorwarth
Umschlaggestaltung: Lübbeke Naumann Thoben, Köln
Satz: Angelika Kudella, Köln
Gesetzt aus der Meridien
Druck und Verarbeitung: GGP Media GmbH, Pößneck
Gedruckt auf säurefreiem und chlorfrei gebleichtem Papier
Printed in Germany
ISBN 978-3-7558-0026-2

www.dumont-buchverlag.de

Zur Erinnerung
an meinen Vater Noel Harvey,
der die Natur liebte

INHALT

1 Wir finden einen Igel 9
2 Igel und wie sie die Welt sehen 21
3 Winter: In guten wie in schlechten Tagen 39
4 Frau Tiggy-Wiggel und die Poesie der Igel 55
5 Vorgeschichte und Igel-Dämmerung 71
6 Peggy wird freigelassen 83
7 Igel-Gemeinden – Kirtlington und Shropshire 97
8 Trauer, Glaube, Hoffnung und Igel 115
9 Winterschlaf und blonde Verführerinnen 127
10 Freund und Feind: Dachs, Hund und Mensch 145
11 Krieg und Frieden 157
Danksagung 169
Quellen 171

1

Wir finden einen Igel

An einem feuchten, matschigen Oktobernachmittag entdeckte mein zweijähriger Enkel einen dunklen, rundlichen Klumpen, der sich an unserem Teich in einem Netz verfangen hatte.

»Was ist das ... Ding?«, fragte er mit seinem frisch erworbenen Vokabular. Er kannte mittlerweile Mäuse, Rehe und Füchse, aber angesichts dieses Wesens riss er seine Augen weit auf. Es war einzigartig. Es war ein Igel. Wir versuchten vorsichtig, ihn zu befreien, aber er zuckte nur ganz leicht. Es schien ihm nicht gut zu gehen. Ich sagte meinem Enkel, er solle ihn nicht anfassen, weil er pikse, und mein Mann holte einen Karton. »Pikst, aua«, sagte mein Enkel. Wir tauften den Igel Horace.

Mein Mann, Sohn eines Tierarztes aus Yorkshire, ist bemerkenswert unsentimental, was Tiere angeht. Wir haben keinen Hund – eher untypisch für ein Paar über sechzig, das nach dem Lockdown viel Zeit auf dem Land verbringt. Menschen, die ihre Hunde ausführen, behandeln uns manchmal mit herablassender Freundlichkeit und versichern uns, dass ihre feuchtäugigen Lieblinge keine Gefahr darstellten. Hin und wieder fragen sie sogar ganz unverblümt: »Wo ist Ihr Hund?«

Auch für meinen Lebenstraum, an den Stränden von Norfolk entlangzureiten, wird die Zeit allmählich knapp. Dieses Jahr habe ich es nur geschafft, an einem Kinderkurs zum Trab-Aussitzen teilzunehmen, bei dem mein schweres Kaltblut respektvoll hinter lauter Shetlandponys hertrottete.

Dennoch schmolz das Herz meines Mannes, als er den Igel sah. Woran lag das? Diese Kreatur war wie aus einer Tolkien-Geschichte: ein fremdartiges Wesen, das in Gefahr schwebt. Robust und gutherzig, aber in Bedrängnis.

Der Dichter Ted Hughes beschrieb in einem Brief an eine Freundin, wie er einen Igel entdeckte:

Ich hörte einen Tumult in der Hecke, und nach einer Weile kam ein Igel herausgewackelt, in bester Laune und offensichtlich auf Vergnügen aus. Ich dachte, er würde einen lustigen Gefährten für einen Abend abgeben, und nahm ihn mit ins Haus. Nach einer Weile bemerkte ich, dass er verschwunden war, und kurz darauf hörte ich ein Geräusch wie das Weinen eines kleinen Kindes, aber ganz leise, und es hörte nicht auf. Ich verfolgte es bis zu einem Stapel Kartons, und da lag mein Kamerad mit nassem Gesicht in einer

Pfütze aus Tränen, die Nase in eine Ecke gedrückt, und schniefte und schnüffelte sich das Herz aus dem Leib. Ich hätte ihn aus lauter Anteilnahme küssen mögen. Ich weiß nicht, warum ich Igel so gerne mag.

Die Laute der Igel scheinen den Menschen am meisten zu Herzen zu gehen – sie können quieken, zirpen, schnaufen, prusten, zischen und singen; allerdings erzählte eine Freundin, die einmal auf zwei sich paarende Igel stieß (es bleibt eine der großen wissenschaftlichen und zivilisatorischen Fragen, wie das funktioniert), sie habe sich gefühlt, als wäre sie in ein orgiastisches heidnisches Ritual hineingeplatzt.

Unser kleiner Igel gab keinen Laut von sich. Kim hob ihn vorsichtig mit beiden Händen hoch und legte ihn in den Karton, während ich Milch und Brot holte. Schon dieser eine Satz enthält drei grundsätzliche Fehler – wir hatten noch viel über Igel zu lernen.

Dann machte sich die Abstammung bemerkbar. Bei meinem Mann die vorangegangene Generation, beim Igel Jahrmillionen des Überlebens. Kim versuchte, anhand der Temperatur zu beurteilen, ob der Igel Winterschlaf hielt oder vorzeitig erwacht war, und schob den Karton näher zum Herd. Anschließend holte er einen Kamm und einen Krug warmes Salzwasser und entfernte sanft die Fliegeneier von den Augen des Igels. Mein Enkel schaute aus vorsichtiger Entfernung zu, in seiner Schutzkleidung aus Anorak und Gummistiefeln. Er hielt einen Zweig in der Hand, in der Hoffnung, ihn als eine Art Defibrillator nutzen zu können. »Jetzt piksen? Den Horace-Igel?«

Kim schüttelte den Kopf und sagte mit leiser Chirurgenstimme: »Ich fürchte, wir verlieren ihn.«

Er stand auf, runzelte die Stirn und schaute auf sein Telefon. Die Abenddämmerung rückte näher, ein weißer Lichtstreifen, niedergedrückt von einem bleigrauen Himmel. Die Bäume hatten die Blätter im Lauf der Woche an den Sturm verloren. Nur die beiden Wildapfelbäume, Geschenke meines Vaters, hielten sich tapfer in ihren rotgrünen Schottenkarofarben. Die Landschaft fröstelte. Um diese Tageszeit – wenn auch nicht in dieser Saison – sollte der Igel eigentlich überraschend zügigen Schritts auf dem Weg zu der Hecke aus kleinen Weißdorn- und Rosenbüschen sein, die wir gepflanzt hatten.

Unwissentlich hatten wir die idealen Bedingungen für Igel geschaffen. Als wir vor zehn Jahren in dieses Haus zogen, ersetzten wir den Tennisplatz durch eine Wildblumenwiese. Wir pflanzten Buchenhecken und Reihen von Obstbäumen und legten einen Schwimmteich an, mit einem Flachwasserbereich für Schilf und Seerosen. Die großen, offenen Getreidefelder hier in East Anglia sind keine Orte für Igel. Aber mit unserem Stück Land voller graswachsener Wege, Obstbäume, Dornenhecken und Laubhaufen hatten wir um Igel gebuhlt, ohne es zu merken. Und als schließlich einer angewackelt kam, in bester Laune, hatten wir ihm eine tödliche Falle in Form eines Teichnetzes gestellt.

Mein Mann telefonierte. Dann nahm er den Karton und stellte ihn ins Auto. Er erklärte, er bringe Horace ins Krankenhaus.

Ich lachte. Es gab keine Igel-Krankenhäuser, und niemand würde an einem Samstagabend einen Igel aufnehmen; insofern wäre es sicher das Beste, den Igel über Nacht zu behalten und abzuwarten, wie es ihm am nächsten

Morgen gehen würde. Auch dieser Satz enthält drei gravierende Fehler.

Es *gab* ein Igel-Krankenhaus, das sich als Teil eines Netzwerks von Igel-Pflegern, Zieheltern, Aktivistinnen und Politikern entpuppte. Wer Erfahrung mit Igeln hat, weiß, dass man schnell handeln muss, wenn man einen kranken Igel retten möchte. Und ein kleiner Igel, der um diese Jahreszeit draußen herumläuft, stammt vermutlich aus einem späten Wurf und hat wenig Widerstandskraft.

Als ich entdeckte, dass es in Großbritannien eine kostenlose, vielgliedrige Sozialfürsorge für Igel gibt, bei der kein Igel abgewiesen wird, erkannte ich, wie tief diese Tiere in unserer Kultur, Literatur, Geschichte und Seele verwurzelt sein müssen. Kein anderer Ort der Erde hat ein so enges Verhältnis zu Igeln. Die Britische Gesellschaft zum Schutz der Igel, die von so unterschiedlichen Persönlichkeiten wie dem Ex-Model Twiggy Lawson und der Brexit-Politikerin Ann Widdecombe unterstützt wird, misst gesellschaftlichen Fortschritt am Grad der Igel-Freundlichkeit.

Es gibt Igel-Straßenschilder und Preise für Schulen und Universitäten, die besonders attraktiv und leicht zugänglich sind – für Igel. Es gibt eine igelfreundliche Fußballliga. Und es gibt süße Videos von Frau Tiggy-Wiggel beim Nestbau.

Unser erster Anruf galt »Emma's Hedgehog Hospital«, das gleichzeitig Emmas Zuhause ist und an einem Feldweg am Stadtrand von King's Lynn liegt. Seine medizinischen Triumphe und Tragödien sind auf Facebook, Instagram, Google, Amazon und Paypal verzeichnet. Die Igel-Fangemeinde ist global und aktiv.

Mein Mann raste mit dem Auto hin und meldete sich

per E-Mail bei mir: »Sie (Horace) ist erst vier bis sechs Wochen alt. Emma sagt, ich hätte beim Entfernen der Fliegeneier tolle Arbeit geleistet, aber untenrum gibt es noch Probleme, weil ein paar Larven schon geschlüpft und auf Erkundungstour sind. Also stehe ich hier und schaue zu, wie Emmas Partner – üppige Tattoos, dicke Knarren – mit der Pinzette die Larven abzupft und sie die Vagina mit warmem Salzwasser ausspült. Inzwischen wurde der Igel auf den Namen Peggy getauft: ›Hattie geht nicht, weil mir alle meine Hatties weggestorben sind‹, sagt Emma. Wir können Peggys – schnelle oder langsame – Fortschritte online verfolgen.«

Am nächsten Tag schickte Emma eine fröhliche Nachricht: »Danke, dass ihr sie zu mir gebracht habt. Sie hat über Nacht ein bisschen Gewicht verloren, aber das war nach der ganzen Spülerei zu erwarten. Ich hoffe nur, dass wir alle erwischt haben [zwei betende Emojis] und sie morgen zunimmt. Alles Liebe, Emma«.

Mein Mann verfolgte Peggys Genesung mit ironischem, aber intensivem Interesse. Er studierte die Gewichtskurven der Patientin; Peggy schien etwas hinterherzuhinken. Später erfuhr ich die offizielle Bezeichnung für ihre Krankheit: vaginaler Fliegenmadenbefall.

Ich war anderweitig beschäftigt. Im Herbst 2021 war mein 92-jähriger Vater wegen akuter Herzinsuffizienz ins Krankenhaus eingeliefert worden. Ich fuhr zu seinem Haus, um ein paar Sachen für ihn zu holen. Da stand sein Lieblingssessel, daneben ein Beistelltisch. Auf dem Tisch: seine Lesebrille, seine gefaltete Ausgabe der *Times*, seine Stapel von Büchern über Vögel oder klassische Musik oder die Kirche und sein Fernglas. Eigentlich eine Zusammenfassung seines Wesens. Ein BBC-Radiohörer alter Schule.

Der Sessel sah seltsam kahl aus ohne seinen Körperabdruck, denn er war immer aufgesprungen, wenn ich den Bungalow meiner Eltern betrat: »Hallo, Darling, wie wunderbar, dich zu sehen!«

In letzter Zeit war er unsicherer aufgestanden und hatte beim Gehen die Wände berührt, aber ich hatte mir nicht viel dabei gedacht. Außerdem trug er immer einen Schal, was mir angesichts seines Alters vernünftig vorkam, sich aber als bescheidene Vorkehrung gegen ein Rasseln in der Brust herausstellte.

Jeden Sonntag kam er zu uns zum Mittagessen, und als er eines Tages anrief, um mir zu sagen, er wolle diesmal lieber zu Hause bleiben, war ich zum ersten Mal beunruhigt. Lag es an seiner Brust? Ich brachte ihn in die Notaufnahme; er ließ sich mit wenig Getue und viel Dankbarkeit untersuchen, nahm ein paar Tabletten und kehrte wieder nach Hause zurück. Er war sich sicher, dass er in dieser Nacht besser schlafen würde. Zwei Tage später brach er zusammen, mit akuter Herzinsuffizienz und einer Lungenentzündung. Auf diesen Augenblick der Angst war keiner von uns gefasst gewesen; John Donne beschreibt ihn in einem seiner »Geistlichen Sonette«: »Aus Angst starr ich zu Boden unverrückt; / Verzweiflung droht von hinten, Tod von vorn«.

Mein Vater verbrachte eine Woche im Krankenhaus. Wegen der Coronapandemie waren Besuche nicht erlaubt, und ich hinterließ jeden Tag kleine Briefchen für ihn, zusammen mit der aktuellen Ausgabe der *Times*. Welche Neuigkeiten sollte ich ihm berichten? Das Schicksal eines Igels kam mir genau richtig vor – nicht allzu ernsthaft, nicht allzu anstrengend, eine Geschichte der Genesung.

Nachricht von Emma: »Sie hat ein paar Tage lang abgenommen. Wurmbehandlung am 19. begonnen. Letzte zwei Tage 15 g Gewicht zugenommen [Applaus-Emojis].«

Auch die Nachrichten auf der Facebook-Seite ihres Igel-Hospitals waren ermutigend.

»Tag 3 von Berties Physiotherapie-Bädern. Was für eine wunderbare Art, den Tag zu beenden! Heute war ein wirklich schwerer Tag [eine Zeile Gebrochenes-Herz-Emojis, eine Zeile Weinendes-Gesicht-Emojis].« Ich musste abends sein hübsches Gesicht sehen und seine Stärke und Entschlossenheit spüren.

»PS: Wenn ihr jemals die Chance haben solltet, ein Lebewesen auszurotten, bitte wählt die Option ›Fliegen‹. Tschüss für heute, ich freue mich auf einen neuen Tag morgen. #hedgehogrescue, #sometimessouldestroying, #welcomethenewday, #whatdoesntbreakyoumakesyoustronger, #wishIhadamagicwand«

Meinem Vater ging es nicht so gut. Das Krankenhaus arbeitete mit Hochdruck. Ein Arzt erklärte am Telefon, das Herz lasse sich mit Medikamenten stabilisieren, aber mehr könne man nicht tun. Ein anderer Arzt führte es mir gestisch vor und pumpte mit den Händen nach innen und außen wie bei einem Akkordeon. So bewegt sich ein Herz. Dann zeigte er, wie sich ein Herz nach dem Versagen bewegt. So gut wie gar nicht. Wenn mein Enkel es sehen könnte, würde er es mit seinem Stock piksen, um zu prüfen, ob es sich bewegt.

Sie wollten ihn für weitere Tests dabehalten. Blut im

Urin. Wasser in der Lunge. Sie hatten ihn gefragt, ob er mit einem »Nicht wiederbeleben«-Schild am Fußende seines Betts einverstanden wäre. Nicht so schnell. Dad wollte am Leben bleiben. Er schüttelte den Kopf: Nein, nein. Sein Kampf ums Überleben war jetzt eine Willensfrage.

Vor fast acht Jahren hatte sich mein Vater einer Herzoperation unterzogen, die sein Leben angeblich um fünf Jahre verlängern würde. Wir leben alle von geborgter Zeit, aber das Herz meines Vaters hatte sein Verfallsdatum bereits um drei Jahre überschritten.

Damals fand ich ihn auf der Intensivstation hinter einem Vorhang, verkabelt und atemlos. Bald sei Schluss mit dem Gepiepe und den grellen Lichtern, sagte ich ihm. Es würde wieder Beethoven und Vogelgezwitscher geben. Er dürfe wieder hinaus in die Welt. Diesmal wusste ich nicht, ob ich ein solches Versprechen halten konnte.

Die Pfunde, die er dem Schicksal zu verdanken hatte, fielen von ihm ab. Sein Hemd war schlabberig, die Hosen zu weit.

Ich hörte von den Ärzten – darunter mein eigener Cousin – eine Formulierung, die den Weg zu einem Todesfall ebnen soll, ohne allzu brutal und plötzlich zu klingen: »Vielleicht hat er noch ein paar Wochen, vielleicht ein paar Monate.« Wir wanderten in das finsterste Tal.

Ich dachte an die Worte des Philosophen Roger Scruton: »Liebe ist eine Beziehung zwischen Dingen, die sterben.« Alles an meinem Vater, der nur noch ein Schatten seiner selbst war, wirkte neu belebt. Sein weißes Haar, sein jungenhafter Eifer, seine Redewendungen, seine Schals, sein freundliches Wesen. Sein Freund, der örtliche Pfarrer, sagte über meinen Vater, sein ausgeprägtester Charakterzug sei Bescheidenheit. Diese sollte sich als sein wichtigster Überlebensfaktor erweisen.

Wir beschlossen, ihn in einem Pflegeheim unterzubringen, damit wir ihn besuchen durften. Im Krankenhaus würde er höchstwahrscheinlich alleine sterben, in einem Chaos aus Corona-Notfällen. Ich recherchierte Heime in der Nähe und fand eines, das von einer geduldigen, praktisch veranlagten ehemaligen Krankenschwester geleitet wurde. Sobald mein Vater angemeldet war, fuhren meine Schwester und ich ins Krankenhaus, um ihn abzuholen. Er hatte weiter abgenommen und saß angezogen, aber hohläugig und unrasiert in einem Rollstuhl. Eine Woche im Krankenhaus ist eine lange Zeit.

Eine Krankenschwester, die wegen Personalmangel in Doppelschichten arbeitete, half uns, ihn ins Auto zu setzen. Wie viele andere hatte ich in der Pandemie eine Lektion gelernt: den Wert menschlicher Anteilnahme.

»Komme ich wieder nach Hause?«, fragte mein Vater. Ich hatte keine klaren Antworten, keine Versprechungen. Wir unterhielten uns über den Frühling, als Metapher für Hoffnung. Und um das ehrliche Schweigen zu füllen, erzählte ich von Peggys erstaunlicher Genesung. Emma hatte geschrieben, sie habe zugenommen und sei auf dem Weg zu einer Pflegefamilie. Gemeinschaftliche Sozialfürsorge. Unsere Tochter schickte ein Bild von einem Igel auf der Rückbank eines Autos – mit Sicherheitsgurt.

Manchmal ist es einfach leichter, über Igel zu reden. Einer Freundin von mir dienten sie als Mittel, um den eigenen Schmerz zu lindern und dem Sohn näher zu sein, den sie geliebt und verloren hatte. Jane wird in verdienter Ausführlichkeit in einem späteren Kapitel auftauchen; ihr Sohn Felix starb an Meningitis, während er mit Freunden in den Ferien war. Im einen Moment spielte der Teenager auf dem Rasen Cricket, im nächsten fühlte er sich ein wenig unwohl, und dann war er unrettbar krank. Jane und ihr Ehemann Justin schufen ein Vermächtnis der Nächstenliebe, indem sie überschüssige Lebensmittel, die sonst von Supermärkten und Restaurants weggeworfen werden, zu bedürftigen Menschen bringen. Vielleicht haben Sie die knallgrünen Lieferwagen mit dem »Felix«-Logo schon einmal gesehen, mit denen Freiwillige in London herumfahren.

Unmittelbar nachdem Felix gestorben war, konnte Jane noch nicht an Vermächtnisse denken. Sein Tod war so plötzlich, so unvorstellbar, dass sie aus der Bahn geworfen wurde. Nichts ergab mehr einen Sinn. Die normalen Rhythmen und Freuden des Lebens hatten keine Bedeutung. Nach einigen Monaten schwärzester Dunkelheit fand Jane ein Thema, mit dem ihre eierschalenzarte Seele zurechtkam. Sie konnte nicht arbeiten, sie konnte keine Gesellschaft ertragen, aber sie konnte sich um Igel kümmern. Weil Felix das getan hatte.

Sie besuchte mich, als ich noch Chefredakteurin des *Evening Standard* war, um mir von einem Plan für Igel-Schnellstraßen zu erzählen. Ich weiß noch, dass ich sie für ihre Tapferkeit bewunderte, überhaupt für irgendetwas Interesse aufzubringen. Begleitet wurde sie von einem Experten namens Hugh Warwick, der mir sehr nett vorkam. Damals war mir nicht klar, dass ich mit dem David Attenborough der Igel-Welt sprach.

An einem Oktobernachmittag fand ich einen Igel und

entdeckte eine ganze Gemeinschaft von Igel-Begeisterten, ein System der Sozialfürsorge und eine leidenschaftliche Randgruppe von Freiwilligen, die von eher traditionellen Igel-Schützern vorsichtig beäugt werden. Und ich fand heraus, dass sich Poesie wie Philosophie, Menschen des Glaubens wie Menschen im Krieg dem Igel zuwenden – als einem Symbol für Unschuld, Rätselhaftigkeit, politische Zielstrebigkeit, Mut, Friedfertigkeit und Ausgeglichenheit.

Als ich Philip Larkins Gedicht »Der Mäher« las, verstand ich, warum es mir so wichtig wurde, Peggy zu retten.

Ein Mäher stockte, zwei Mal: Niederkniend fand ich
einen Igel, in die Messer eingeklemmt,
tot. Er war im hohen Gras gewesen.

Ich hatte ihn gesehen, gar gefüttert.
Nun hatte ich seine bescheidene Welt zerfleischt,
unrettbar. Begraben half nichts.

Am nächsten Morgen wachte ich auf, er nicht.
Die neue Abwesenheit am ersten Tag nach einem Tod
ist immer gleich: Wir sollten aufeinander
achten und freundlich sein,
solang noch Zeit ist.

Dieses Buch ist allen gewidmet, die Igel lieben. Und es ist meinem Vater gewidmet, der über den Winter weiter abnahm; wir kämpften darum, ihn bis zum Frühling zu behalten.

2

Igel und wie sie die Welt sehen

Die Pandemie war für Menschen schwierig. Ein Stresstest für Führung, Logistik, Gemeinschaft, Globalismus. Sie warf die Frage auf, wie wir leben sollten und für wen oder was.

Den Igeln erging es weitaus besser, auch deshalb, weil sie keine sozialen Wesen sind wie wir. Sie sind nachtaktiv und verlassen sich auf ihren Geruchssinn und – in geringerem Maße – auf ihr Gehör, um das Leben zu interpretieren. Anders als die familienorientierten Dachse suchen Igel keine Gesellschaft, nicht einmal die ihresgleichen. Die Paarung ist ein ausgeklügelter, theatralischer Sonderfall, auf den keine Beziehung folgt. Beide tun auf sehr britische Weise so, als wäre nichts passiert.

Der Erste, der die Lebensklugheit des Igels entdeckte,

scheint der altgriechische Dichter Archilochos gewesen zu sein. »Der Fuchs weiß viele Dinge«, schrieb er, »aber der Igel weiß eine große Sache.«

Zweitausend Jahre später erklärte Isaiah Berlin in seinem berühmten Essay *Der Igel und der Fuchs* die philosophische Bedeutung dieses Satzes. »Es besteht nämlich eine tiefe Kluft zwischen denen, die alles auf eine einzige, zentrale Einsicht beziehen, auf ein mehr oder weniger zusammenhängendes oder klar gegliedertes System, im Rahmen dessen sie verstehen, denken und fühlen – ein einziges, universales, gestaltendes Prinzip, das allein allem, was sie sind und sagen, Bedeutung verleiht –, und auf der anderen Seite denen, die viele, oft unzusammenhängende und sogar widersprüchliche Ziele verfolgen, die, wenn überhaupt, nur in einem faktischen Zusammenhang stehen, aus irgendeiner psychologischen oder physiologischen Ursache und nicht kraft eines moralischen oder ästhetischen Prinzips.«

Als Studienobjekt wählte er Leo Tolstoi, der sehr gerne ein Igel sein wollte, obwohl ihn seine Kunst in Richtung Fuchs führte: »[Tolstoi nahm] die Wirklichkeit in ihrer Vielfalt, als eine Sammlung von getrennten Gegebenheiten wahr, die er mit einer Klarheit und Eindringlichkeit überblickte und durchschaute, wie sie kaum je ihresgleichen hatten, aber er glaubte nur an ein großes, einheitliches Ganzes.«

Tolstoi predigte ein einfaches Leben mit klaren Zielen; er war auf der Suche nach einer geeinten Vision jenseits der individuellen Erfahrung. Er sprach eher von der Wurzel eines Baumes als von den Blättern. (Was ist falsch an Blättern? Für Igel sind sie viel interessanter.)

Er glaubte an die Wissenschaft und sah die Geschichte daher als Summe faktischer menschlicher Erfahrungen, stellte aber auch die Frage: Wessen Geschichte?

Das heroische Geschichtsbild neigt zur Überbewertung von Macht; dabei haben wir einen Großteil dessen, was unser Leben besser macht, Menschen zu verdanken, die nicht auf Ruhm aus sind. Die Pandemie war ein typisches Beispiel. Sie öffnete uns die Augen für die Menschen, die das Land in Gang hielten, statt für die, die es lenkten. Die Entstehung von Gewerkschaften, von Rechten für die Arbeiter, ist eine Verneigung vor Tolstoi, der immer für die Arbeiterschaft und gegen die herrschende Klasse Partei ergriff. Man kann nach der Weisheit des Igels leben, und Institutionen sind aus ihr entstanden.

Isaiah Berlin schreibt: »Diejenigen, die sich an ihre gewöhnliche Arbeit machten, ohne heroische Gefühle zu zeigen oder zu glauben, daß sie Akteure auf der hellerleuchteten Bühne der Geschichte waren, haben ihrem Land und ihrer Gemeinschaft den größten Nutzen gebracht, während die, die den allgemeinen Gang der Dinge zu begreifen und an der Geschichte teilzunehmen suchten, (…) am nutzlosesten waren.«

Als langjährige Journalistin habe ich die politischen Gefechte aufmerksam verfolgt, insbesondere in der Brexit-Phase als Chefredakteurin der BBC-Nachrichtensendung *Today*. Es war eine Zeit des politischen Existenzialismus. Zu den konservativen Politikerinnen und Politikern, die in jener Zeit um die Führung konkurrierten, gehörte Rory Stewart, ein Abenteurer, Schriftsteller und Diplomat. Im Unterhaus sprach er leidenschaftlich und ausführlich über

Außen- und Sicherheitspolitik und das Wesen der Demokratie. Auf Youtube wird allerdings die Rede am häufigsten angeklickt, die er im November 2015 hielt – über Igel.

Nachdem er Archilochos' These dargelegt hatte, stellte Stewart fest, dies sei die erste Parlamentsdebatte über Igel seit 1566; damals wurde über ein Kopfgeld für Igel diskutiert, die als Ungeziefer galten.

Stewart erinnerte an die Vorgeschichte: »Der Igel und seine Vorfahren wären um ein Haar von einem Tyrannosaurus Rex zertreten worden. Sie waren schon lange vor der Spezies Mensch unterwegs: vor 56 Millionen Jahren. Das sagt uns einiges über die britische Zivilisation …« Er bezeichnete den Igel außerdem als »Umweltindikator« und als Lektion in wissenschaftlicher Demut – »schließlich werden Igel seit über zweitausend Jahren erforscht«.

Er endete mit einem Gedicht von Thomas Hardy:

Wenn der Igel durchs Gras läuft am heimlichen Ort,
Mag man sagen: »Er wollte solch unschuldige Wesen
                            vor Schaden bewahren.
Doch wenig konnte er für sie tun; und nun ist er fort.«

Wenn sie hören, ich sei für immer verstummt, und an
                            der Tür stehen,
Mit Blick zum besternten Winterhimmel hin,
Wird jenen der Gedanke kommen, die mein Antlitz
                            nicht mehr sehen:
»Er hatte für solche Mysterien einen Sinn?«

Die ergreifend eindringliche Silhouette eines Igels auf Wanderschaft. Rory Stewart versteht etwas von der Natur des Reisens, er hat Afghanistan, Iran, Pakistan und Nepal zu Fuß durchquert: Wandern als Zeichen des Friedens in potenziellen Konfliktgebieten. Es war ein leises Echo von Gandhis politischen Fußmärschen auf der Suche nach Wahrheit und Weisheit.

Rory Stewart hat die Politik mittlerweile verlassen. Warum, frage ich ihn, erinnern sich die Menschen nach einem Jahrzehnt öffentlicher Ansprachen vor allem an seine Ode an den Igel?

»Nun«, antwortet er, »Igel haben eine magische Anziehungskraft. Und in einer politischen Welt, die so zerstritten und zwiegespalten ist, sind sie ein Thema, bei dem alle weich werden und reden und menschlich sein können.«

Er erklärt, dass das Sprechen über Igel immer eine sichere Option sei, wenn man dem zornigen Tosen der sozialen Medien entgehen möchte. Niemand mache einen nieder. Generell stimmt das; allerdings merke ich allmählich, dass Identitätsfragen auch die Gemeinschaft der Igel-Fans bedrohen und einen Kulturkrieg zwischen Forschung und Fürsorge hervorrufen.

Und da ist noch etwas. Rory sagt, die Verortung dieser kleinen, stacheligen Wesen im gewaltigen Rahmen von Zeit und Philosophie habe etwas schmerzlich Ergreifendes. Gilt das nicht auch für unseren Blick auf uns selbst? Innerhalb des großen Ganzen sind wir nicht bedeutend, aber beherzt. Und es ist vernünftig, zusammenzuhalten. Der Klimawandel, den wir Menschen verursacht haben, mag zwar den Jahresrhythmus der Igel stören, aber wir –

die Menschen im Anthropozän – sind es, die möglicherweise die Evolution des Planeten nicht überleben.

Schon wieder Tolkien. Etwas taucht aus der Wildnis auf, erscheint innerhalb der sicheren Grenzen eines Gartens. Wir heißen es willkommen, müssen ihm aber auch weiterhelfen, mit einer Schale Essen und Wasser und einem Tunnel in den nächsten Garten oder hinaus in die offene Landschaft, damit es seine Reise fortsetzen kann. Und wenn es krank ist, fällt das in unsere Verantwortung.

Eine neue Nachricht von Emma: Peggy hat über Nacht 45 Gramm zugenommen und wiegt nun 896 Gramm. Wenn sie bei ihren Pflegeeltern überwintert hat, kann sie im Frühling zu uns zurückkommen. Emma wird uns eine Liste der Kriterien schicken, die Patengärten erfüllen müssen.

Ha! Endlich ist unsere perverse Hundelosigkeit ein Wettbewerbsvorteil. Ich schicke ein paar maklermäßige Gartenfotos, im Prinzip nur Blätter und Brombeerranken. Außerdem ein Bild des Teichs von der Seite, damit er flacher aussieht und die Rampen im Zentrum sind. Dann warte ich auf Antwort.

Nachricht von Emma: »Sieht super aus. Nur Hunde von Spaziergängern.«

In der Zwischenzeit scheinen sich Igel in die Politikgeschichte zu schleichen. Wir diskutieren über Partys in der Downing Street vor dem Hintergrund der Kriegstrommeln. Meine lokale Abgeordnete in Norfolk heißt Liz Truss; sie ist gleichzeitig Außenministerin. In der *Today*-Sendung verkündet sie, Großbritannien stehe für Freiheit und werde den demokratischen Staat Ukraine im Rahmen der NATO gegen die aggressive Haltung Russlands verteidigen.

Der Igel ist ein ehemaliges Symbol der NATO, er marschiert mit geschwellter kahler Brust und gesträubten Stacheln. So soll er den Geist und die Entschlossenheit von Verbündeten verkörpern, die sich gegen Angreifer verteidigen. Warum? Weil er ein friedliches Wesen ist, das sich nur widerborstig zeigt, wenn es attackiert wird. Seine Gegenwehr angesichts von Schlangen ist beispielsweise Furcht einflößend. Aber gegen Dachse hat er keine Chance, und wir werden später dazu kommen, wie grässlich dieser Tod ist. Zum Glück ist das Symbol Russlands der Bär und nicht der Dachs, der den NATO-Igel zerfleischen würde. Der dänische »Atlantische Zusammenschluss« wählte das Igel-Symbol, um der Taube der dänischen Kommunisten etwas entgegenzusetzen. Igel sind nicht streitsüchtig, aber sie können kämpfen.

General Eisenhower war derjenige, der 1951 die europäischen Länder dazu ermutigte, feindliche Truppen mithilfe einer »Igel-Verteidigung« zu bremsen. Vielleicht ist sie der »Sumpf«, vor dem Europa Russland für den Fall eines Angriffs gewarnt hat. Sie spricht jedenfalls für die stille Sturheit der Briten. Boris Johnson, der damalige Premierminister, verwendete eine ähnliche Metapher für das Verteidigungsbündnis gegen Moskau: Man müsse »die Stacheln des ukrainischen Stachelschweins unverdaulich machen«.

Inzwischen bekomme ich auf meinem Instagram-Feed zu 70 Prozent Igel angezeigt; glänzende Schnauzen in einer Futterschale erinnern mich daran, dass es bei der Igel-Fürsorge primär um Gewichtszunahme geht, auch wenn der Rest des Landes im Januar auf Diät ist. Emmas Igel-Hospital meldet Neuigkeiten zu einem Igel namens Phoebe. »[Offene-Hände-Emoji] Phoebe hat die übliche Behandlung gegen Innenparasiten hinter sich und ist fast durch mit den Medikamenten gegen Hautpilze. Sie wiegt jetzt 655 g.« Auch Paddy bekommt Applaus von Emmas Instagram-Fans: »Sehr schwacher, kleiner Spätherbst-Jungigel von nur 269 g. Der arme Kleine ist übersät mit den üblichen Mistviechern. Trotz Flüssignahrung hat er über Nacht 28 g verloren. Heute Morgen trinkt er von alleine, was ein gutes Zeichen ist.«

Update: »[Weinendes-Gesicht-Emoji] Leider ist Paddy gerade gestorben.«

Das Pflegeheim bittet darum, dass ich meinem Vater einen neuen Gürtel mitbringe, denn der alte reicht selbst auf dem letzten Loch nicht mehr, um seine Hosen oben zu halten. Mein Vater isst ganz ordentlich, deshalb sind sie besorgt, weil er nicht zunimmt. Ich hatte mich auf Getränke konzentriert und herausgefunden, dass er besonders gern Apfelsaft aus Cambridgeshire trinkt, gepresst aus Discovery- und Cox-Orange-Äpfeln. Die diensthabende Schwester ruft mich an: Kein Apfelsaft mehr. Die Säure hat schädliche Auswirkungen. Nur noch Wasser.

Ich wünschte, es wäre Frühling und ich könnte mit ihm hinausgehen, damit er die Luft auf seinem Gesicht spürt und die Vögel singen hört. Bestimmt gehört es zur Igel-Philosophie, dass Freiheit Würde bedeutet.

Außerdem sorge ich mich darum, wie oft ich zu Besuch kommen kann. Die Pandemie ist allmählich vorbei, und wir kehren in die Büros zurück. Von zu Hause aus zu arbeiten, war eine Entscheidung für die Praxis und gegen die Theorie, weil die Familienfürsorge zum Teil des Alltags wurde.

Philosophische Frage: Was ist ein gut gelebtes Leben? Ist es ein Gleichgewicht aus Privatem und Beruf, oder arbeiten wir lieber auf einen glanzvollen Nachruf hin? Sollten wir für ein gutes Leben vielleicht eher den Igeln nacheifern? Ich wende mich heiliger Weisheit zu, in Person von Rowan Williams, dem ehemaligen Erzbischof von Canterbury. Als er in der Radiosendung *Desert Island Discs* gefragt wurde, welche Musik er auf eine einsame Insel mitnehmen würde, entschied er sich für »The Hedgehog's Song« von The Incredible String Band. Das Lied ist eine reizende Ballade über einen erfolglosen Liebenden, bei dem ein »komischer kleiner Igel« vorbeikommt, der vermutet, der junge Mann habe »das Lied nie richtig gelernt« – also wahrscheinlich eine zentrale Wahrheit nicht begriffen. (Es gibt nicht viele berühmte Igel-Songs, und Dr. Williams kichert, als ich ihn auf die Radiosendung anspreche: Seine Mitarbeiter hatten damals Angst, das BBC-Team könnte aus Versehen das falsche Igel-Lied aus dem Regal ziehen, das mit Terry Pratchetts absolut unkirchlichem Refrain »The hedgehog can never be buggered at all«, der auf stachelige Sexualhindernisse anspielt.)

Ich frage Dr. Williams nach der einen großen Sache, die der Igel laut Archilochos weiß. Was wäre aus seiner Sicht die universelle Wahrheit, die dem sprunghaften Fuchs entgeht?

Seine Antwort ist igelzentrisch: Vielleicht sollte ich keine universellen Wahrheiten suchen, keine großartigen Lösungen für die Probleme der Welt. Ich sollte das betrachten, was direkt vor mir liegt.

Das ist die besondere Fähigkeit des Igels: sich auf das zu konzentrieren, was da ist, in genau diesem Moment.

Dr. Williams denkt noch ein wenig nach und sagt dann: »Ich habe das Gefühl, die Aufgabe des Igels ist immer das, was als Nächstes zu tun ist.«

Er geht methodisch vor. Der Reihe nach.

Ein wenig politischer Kontext zu unserem Gespräch: Es findet Anfang Februar 2022 statt, und die Downing Street steckt mitten in der »Partygate«-Krise. Die Polizei untersucht den Vorwurf, im Wohnsitz von Premierminister Boris Johnson hätten Lockdown-Partys stattgefunden, und um von sich abzulenken, beschuldigt dieser den Labour-Parteiführer fälschlicherweise, einen Sexualstraftäter nicht verfolgt zu haben. Aus Protest kündigen mehrere Mitarbeiter Johnsons, darunter seine engste Beraterin. Ein politischer Tornado, der nicht abflaut.

Kein Wunder, dass mir das Verhalten von Igeln – methodisch, folgerichtig und bescheiden – so reizvoll vorkommt. Dr. Williams ist besonders von dem Begriff »folgerichtig« angetan: »›Folgerichtig‹ ist ein gutes Wort. Es beschreibt, dass wir heute innerhalb der Grenzen agieren, die unser gestriges Tun uns setzt, und dass unsere heutige Aufgabe darin besteht, Möglichkeiten für morgen zu schaffen.«

Die Aufmerksamkeit für das Hier und Jetzt passt nicht zu den pompösen Initiativen, die in der Politik so beliebt sind. Rowan Williams wählt seine Worte sorgfältig. »Unsere Kultur, auch unsere politische Kultur, besteht aus Lösungen, die nach Problemen suchen. Es geht um aufregende Ideen, aber die bringen kein Essen auf den Tisch und reinigen kein verstopftes Abflussrohr.«

Der Geistliche verwendet zufällig die gleiche Formulierung wie Boris Johnsons einstiger Berater und heutiger Erzfeind Dominic Cummings, der die mögliche Absetzung des Premierministers mit dem Reparieren eines Abwasserrohrs verglich. Dr. Williams schaudert angesichts der »moralischen Vulgarität« der Regierung. »Vulgär in dem Sinne, dass die Währung menschlicher Beziehungen abgewertet wurde, dessen, was wir einander schulden. Zu moralischem Verhalten gehören auch die Botschaften, die wir anderen senden; die Botschaft, dass bestimmte Leute sich keine Mühe geben müssen, ist eine ziemlich schlechte. Fehlende moralische Solidarität wirkt zersetzend. Ich bin sicher, dass Igel da viel besser sind.«

Allerdings ist Dr. Williams nicht auf kreative Zerstörung aus wie Dominic Cummings; er hätte gern mehr Aufmerksamkeit für Details und »mehr Führungskräfte, die ihre Aufgabe im Lösen benennbarer Probleme sehen und nicht darin, die Welt zu verändern«.

Er bewundert den aktuellen Regierungschef von Wales, Mark Drakeford, als »überaus uncharismatisch – das gehört zu den Dingen, die ich an ihm mag«.

Ob Drakeford über diese Beschreibung glücklich wäre, weiß ich nicht. Aber Dr. Williams bezeichnet ihn als »ziemlich igelartigen Politiker« mit Tugenden wie Geduld und Genauigkeit, und da gebe ich ihm gerne recht.

Derzeit hat man den Eindruck, das Führen als solches werde stark überbewertet. Wie Leo Tolstoi findet Dr. Williams, dass wertvolle Arbeit oft zu wenig anerkannt werde, weil sie weder Ruhm noch Ehre bringe. Außerdem wird seiner Meinung nach ein Aspekt von J. R. R. Tolkiens Werk oft übersehen: Heldenhafte Taten finden entweder in der

Vergangenheit statt, oder sie sind – in der Gegenwart – wirkungslos. »Die wahre Arbeit wird anderswo erledigt.«

Mir fällt Rory Stewarts Beschreibung der Igel ein, klein und zielstrebig, im Gegensatz zur Großspurigkeit der Politik. Und ich denke an die Beschäftigten im Pflegeheim, die im Lockdown Brettspiele mit den Insassen spielten, um diese vom drohenden Covid-Tod abzulenken, und der Sterblichkeit mit Teetassen und fröhlichem Summen entgegentraten. Plötzlich kommt mir der unheldische Igel wie das Symbol der Pandemie vor. Während unsere Staatsoberhäupter schwadronierten oder Partys feierten, saßen andere Menschen am Steuer von Bussen oder machten sich ans Impfen.

Es gibt Igel-/Hobbit-Aufgaben, mit denen man die Welt verbessern kann, und es gibt eine igelhafte Geisteshaltung. Dr. Williams nennt das »prosaische Tugenden«: »Man erfreut sich an bereichernden, glücklichen Momenten, aber man erwartet nicht, dass alles so ist. Letztendlich geht es um die Haltung: ›Hier ist eine Aufgabe zu erfüllen, und es ist an mir, das zu tun.‹«

Altmodische Tugenden, gefeiert in altmodischen viktorianischen Kirchenliedern. Besonders gern mag Dr. Williams »Awake, my soul«: »Wach auf, meine Seele, und tue mit der Sonne deine Pflicht.«

Ich erzähle ihm, manche Naturschützer würden Igel für einen Umweltindikator halten. Sie glauben, eine Rückkehr der Igel im großen Maßstab werde ein Anzeichen dafür sein, dass die Natur wieder im Gleichgewicht sei: Igel als Zeichen der Hoffnung.

Er kichert. »Das ist ein wunderbares Bild, sehr verblüffend. Nicht der Löwe kehrt zurück nach Narnia, sondern der Igel. Es ist interessant, dass bestimmte Lebewesen wie Igel oder Delfine oder Otter uns von dem erzählen, was gefährdet ist. Wenn wir sie sehen, verstehen wir, dass unser Leben einen Hintergrund hat, dass wir nicht allein auf einer Bühne im Scheinwerferlicht stehen.«

Können Igel uns einen moralischen Bezugsrahmen liefern? Der verstorbene Philosoph und Verfassungsrechtler Ronald Dworkin glaubte das. Es mag seltsam erscheinen, dass sich ein Jurist mit Igeln beschäftigt, aber sie stehen für allgemeine Grundsätze. In seinem Buch *Gerechtigkeit für Igel* entwickelt er eine Theorie, die im Prinzip Rowan Williams' Botschaft entspricht: Wir können uns nur selbst respektieren, wenn wir auch andere respektieren. Moralisches Verhalten zeigt sich an unseren Beziehungen zu anderen. Und wenn wir auf unser Leben zurückblicken, wird seine Qualität von unserem Umgang mit anderen bestimmt.

Dworkin schreibt: »Da wir unsere Leben gewissermaßen in den Vorgebirgen des Todes führen, können sie nur einen adverbiellen Wert haben. Der Wert des Lebens – der Sinn des Lebens – besteht darin, ein gelungenes Leben zu führen, so wie es uns auch wertvoll scheint, gut zu lieben, zu malen, zu schreiben, zu singen oder zu tauchen. Das Leben hat keinen dauerhaften Wert und keinen Sinn, der über diesen Imperativ hinausgeht – und mehr brauchen wir auch nicht. Tatsächlich ist das ganz wunderbar.«

Wenn wir die Gebote von Ethik und Moral befolgen wollen, müssen wir herausfinden, was Glück wirklich ist und was diese Tugenden wirklich von uns fordern.

Dworkin schreibt an anderer Stelle von der »festen Überzeugung des Igels, daß alle echten Werte ein ineinandergreifendes Netzwerk bilden und dass jede unserer Überzeugungen in der Sphäre der Moral, der Ästhetik und der Ethik dazu beiträgt, alle anderen Überzeugungen in diesen Bereichen zu stärken. In der Moral nach Wahrheit zu streben bedeutet, sich um ein kohärentes System zu bemühen, das wir von ganzem Herzen bejahen.«

Aus der Igel-Verflechtung von Wertvorstellungen und Ethik entsteht ein Glücksgefühl. Und laut Dworkin muss ein gerechter Mensch glücklicher sein als ein ungerechter.

Igel wissen nicht, dass ihnen moralische Prinzipien zugeschrieben werden. Sie sind zu sehr mit der Suche nach Maden beschäftigt. Aber die Bescheidenheit, Standhaftigkeit und Harmlosigkeit, die wir diesen Tiere unterstellen, machen sie zu idealen Rollenmodellen. Igel werden uns geschenkt, wenn die Natur im Gleichgewicht ist, wenn wir mit unserer Umwelt koexistieren, statt sie zu beherrschen oder zu zerstören. Wir sehen Igel, wenn wir unsere Schulden beglichen und die Dinge in Ordnung gebracht haben. Und – um bei Dworkins Moraltheorien zu bleiben – Igel sind ein Zeichen für ein durchdachtes Leben.

Rowan Williams beschreibt das Gleichgewicht, das aus dem »Willkommenheißen« dessen entsteht, was das Leben uns bringt, im Guten wie im Schlechten. Er bezeichnet Akzeptanz als Form des Glaubens. Ich denke an die lebhafte Freude meines Vaters am Herumwitzeln mit der Putzfrau über Motorräder, von denen er nichts versteht, an Neuigkeiten über eines seiner Enkelkinder. Seine Freude hat biblische Ausmaße, ist zu groß für Worte, wenn er vom Bett aus das Gesicht seines neuen Urenkels berührt, obwohl er zu schwach ist, um das Kind zu halten oder sich auch nur aufzusetzen. Seine anfängliche Unruhe hat sich gelegt: Er ist bettlägerig, blass, zittrig und strahlt vor Dankbarkeit über menschliche Kontakte oder liegt einfach da, zwischen Schlafen und Wachen.

Geschenke stapeln sich ungeöffnet. Nach einem Leben des Lesens hat er seine Bücher beiseitegelegt und wartet still ab.

Trotzdem versuche ich weiterhin, etwas mehr Unterhaltung in sein Leben zu packen, ihn an das muntere Interesse zu erinnern, das er früher allem entgegenbrachte, was um ihn herum vorging. Ich bringe ihm die Zeitungen; er schaut sich die Titelseiten an, sagt etwas und legt sie weg. Er schaltet den Fernseher nicht ein. Der Pfarrer schreibt mir und fragt an, wie es mit etwas klassischer Musik wäre: »Ich glaube, Noel würde sich vielleicht über Musik freuen. Sein Gehör und seine Augen sind ganz in Ordnung. Ich bin nicht sicher, ob das praktikabel wäre, aber ich weiß, wie viel Musik ihm bedeutet. In einer solchen Situation kann Musik für diejenigen, die sie lieben, ein echter Trost sein.«

Wenn ich an meinen Vater denke, sehe ich ihn vor mir, wie er diskret mit Zeige- und Mittelfinger auf sein Knie tippt, leicht und präzise. Er ist stolz auf seinen Sohn, meinen Bruder, der Chorknabe in der Kathedrale von Canterbury war. Am Geburtstag meines Vaters, an Heiligabend, als es ihm zum letzten Mal gut genug ging, um das Pflegeheim zu verlassen, hörten wir uns, auf dem Parkplatz im Auto sitzend, im verblassenden Nachmittagslicht die ersten Weihnachtslieder aus dem Gottesdienst in der King's College Chapel an. Mein Vater senkte den Kopf und klopfte zu den ersten Zeilen von »Once in Royal David City« mit den Fingern. Meine Mutter warf ihm einen scharfen, besorgten Blick zu, was sie in letzter Zeit immer häufiger tat. Morgens fragte sie manchmal die Pflegerinnen, ob ihr Mann noch lebe.

Unter den ordentlichen Notizen meines Vaters in einem Ordner in seinem Arbeitszimmer fand ich ein Blatt mit der Überschrift »Begräbnis«. Er bat darum, dass seine Nichte, meine Cousine, die Opernsängerin ist, Mozarts »Laudate Dominum« vortragen solle. Und als Kirchenlied wünschte er sich »Immortal, Invisible«.

Der Text handelt von Beständigkeit, Sorgfalt, Gerechtigkeit, Festigkeit, Bescheidenheit. Mehr Igel als Fuchs. Mein Vater ist der Sohn eines methodistischen Pastors, und ich stellte mir vor, wie der Klang durch seine Kirche in Cornwall hallte.

We blossom and flourish as
Leaves on the tree,
And wither and perish – but
Nought changes thee.

Wir blühen und gedeihen wie
Blätter am Baum
und welken und sterben – aber
dich, Gott, ändert nichts.

Er wünschte sich eine Feuerbestattung. Ich glaube, er war zu bescheiden für ein Grab mit Grabstein und zog den Gedanken vor, über das gesegnete Land oder Meer verstreut zu werden und so zur Erde zurückzukehren. Hier scheinen sich Glaube und Umweltwissenschaften einig zu sein. Wir sind nur Atome, genau wie die Sterne.

Wenn ich an seine letzten Wochen denke, würde ich

seinen Zustand als »aufmerksam und dankbar« beschreiben. Auch wenn er in seinem sterilen Zimmer nur wenig von der Natur mitbekam, liebte er sie mehr denn je.

3

*Winter: In guten
wie in schlechten Tagen*

An einem klaren, strahlenden Januarmorgen mache ich mich im Gegenlicht der tief stehenden Sonne auf den Weg nach King's Lynn, um im Igel-Hospital Neues über Peggy zu erfahren. Die Felder sind mit Reif überkrustet und glitzern wie Kristalle. Rebhühner staksen umher und picken Samen auf. Die kahlen Spitzen der Weißdornhecken baden in der Wintersonne. Das Land liegt im Winterschlaf, still und geduldig, aber die ersten grünen Triebe erscheinen schon. Weil sich die Erde erwärmt, sind die Rhythmen von Winter und Frühjahr gestört: Wie wird sich das auf ein Säugetier auswirken, das seit prähistorischen Zeiten saisonal lebt – den Igel?

Vor King's Lynn schere ich aus der Lastwagenschlange aus, die immer um diese Tageszeit auf der Schnellstraße unterwegs ist, biege erst in eine Landstraße, dann in einen Feldweg ein, und da, an einer Wegkreuzung, liegt ein weißes Cottage mit einem neuen Nebengebäude aus Holz. Zu groß für einen Geräteschuppen, zu schmal für ein Atelier – Emma nennt es ihre »Intensivstation«.

Emmas Ehemann Mark hat das Hospital erbaut; er arbeitet in Teilzeit als Feuerwehrmann, Klempner, Elektriker, Schreiner, Fitnesstrainer und in Vollzeit als Fan seiner Frau. Als mein Mann Peggy einlieferte, gab er sie in Emmas und Marks Wohnzimmer ab. Sie teilen ihr Zuhause gern mit den Igeln, und Emma sitzt oft zwischen ihnen, als Form der Meditation.

Sie sagt, der Klang ihres Scharrens und Schnüffelns gebe ihr Ruhe. »Ich fühle mich dann ganz anders.« Nach dem Tod ihrer Mutter, einer Krankenschwester, wirkten die Igel – ihre Geräusche, ihre freundlichen Gesichter, ihre »Panzerung« – auf Emma heilsam und tröstlich.

Dabei sind sie keine Haustiere. Auch wenn Emma die Igel mit medizinischen Dienstleistungen überschüttet, ihnen Maden aus der Vagina zupft und ihre Fäkalien unter dem Mikroskop untersucht (tatsächlich verbringt sie einen Großteil des Tages mit dem Betrachten von Kot), werden die Igel sie nie auf die gleiche Weise wiedererkennen, wie sie die Igel erkennt. Sie sind wilde Tiere.

Um die Wahrheit zu sagen, tragen sie als Wildtiere wahrscheinlich Hautpilze, Lungenwürmer, Flöhe, Fliegen und Salmonellen mit sich herum. Sie können diese Krankheiten auf Menschen übertragen. Und trotzdem sind sie für Emma zauberhaft.

Auf der einen Seite des blitzsauberen Raumes stehen Boxen, auf der anderen Werkzeuge. Auf die Boxen, mit Zeitungspapierschnitzeln ausgelegte Behälter aus klarem Kunststoff, sind Namen geschrieben: Buster, Swift, Titch, Myrtle, Snort, Hercules, Stardust, Buddy, Loki, Tia Maria, und neben jedem Namen prangt ein Herz. Ich kann die leisen Klänge von Geraschel, Geschnüffel und Geknabber hören. Emma, eine Frau in den Vierzigern mit rosarotem Haar und ungestressten, offenen Gesichtszügen, lächelt gelassen: »Mein absolutes Lieblingsgeräusch ist das Knabbern von Igeln an Keksen.«

Emma ist Tierarzthelferin, und inzwischen ist es ihre Berufung, Igel zu retten. Das habe der Tod ihrer Mutter sie gelehrt, erzählt sie. »Ich wollte immer lernen und ein besserer Mensch werden, und da hatte ich plötzlich das Gefühl, mein Lebensziel gefunden zu haben.« Eine Tierärztin der Klinik, in der sie arbeitet, hat sich auf Igel spezialisiert, und Emma beschreibt Dr. Nelson als »Igel-Guru«. Ich nehme mir vor, mit ihr zu sprechen.

Es gibt heikle Operationen, darunter das Amputieren von Gliedmaßen oder das Entleeren von Abszessen. All das für einen Igel?, frage ich mich im Stillen. Als hätte Emma meine Gedanken gelesen, sagt sie, Igel müssten gerettet werden, weil sie vom Aussterben bedroht seien.

Genau in diesem Moment kommt ihr beneidenswert liebevoller Ehemann Mark herein. Er erzählt, wie stolz er auf seine Frau und ihre Erfolge sei. Die Igel hätten sie verwandelt, sagt er.

Wenn Mark nicht gerade Igel-Kliniken baut, Feuer löscht oder als der meines Wissens einzige verfügbare Klempner und Elektriker in Norfolk arbeitet, kocht er Tee für die Freiwilligen, die den Kot ihrer Igel von Emma untersuchen lassen. Ich sage Mark, er sei wunderbar. Er sieht peinlich berührt aus und antwortet, er sei nur hereingekommen, um mich zu bitten, mein Auto umzuparken, damit seine Tochter – die eine Ausbildung zur Tierarzthelferin macht – wegfahren könne.

Danach frage ich fröhlich, wie es Peggy gehe. Emma schaut zu Boden und antwortet, die Igel seien meist in einem schlechten Zustand, wenn sie bei ihr ankämen. Wenn sie tagsüber herumliefen, sei das kein gutes Zeichen. Noch schlimmer sei es, wenn sie wackelig wirkten oder sich in der Sonne zusammenrollten. »Maden stürzen sich auf jede Körperöffnung«, erklärt sie grimmig. Es sei ein Rennen gegen die Zeit, die Eier vor dem Schlüpfen zu entfernen.

Das Jahr 2020 war für Igel besonders schlimm. Durch das warme und feuchte Wetter waren die Fliegen länger unterwegs. Und dann gibt es auch noch die Zecken.

Ein Landmensch wie Marc Hamer, Verfasser des wunderbaren Buches *Wie man einen Maulwurf fängt*, sieht Krankheiten als Teil der Igel-Welt.

Von ihm stammt folgendes Gedicht:

Ein Igel
der Kopf übersät mit den glänzenden
blau-schwarzen Körpern
ekelhafter, vollgesogener Zecken
lief an mir vorbei
ich möchte sie mit den Fingern
zerplatzen lassen wie Blaubeeren
dass das Blut des Igels herausspritzt
und die Parasiten sterben

Aber sie haben ja dasselbe Recht auf Leben
wie der Igel und ich
und am Ende basiert alles doch nur auf dem Zufall
leben, nicht leben, sterben
ich ließ den Igel und seine Zecken gehen

»Früher habe ich Zecken gehasst, aber inzwischen habe ich Respekt für sie entwickelt«, erzählt Emma nachdenklich. Die Fliegenmaden bedrücken sie eher. »Sie sind grauenhaft«, sagt sie, »vor allem für Igelbabys, die noch so *matt* und unschuldig sind.«

Sie reißt ein Küchentuch von der Rolle und nimmt die Brille ab, um sich die Augen zu wischen. »Entschuldigung, da werde ich ganz emotional.«

Aber es sind die Menschen, die sie wirklich frustrieren. Menschen, die gefährdete Igel finden und den nächsten Morgen abwarten, um zu sehen, wie es ihnen geht: 95 Prozent der Todesfälle sind Spätankömmlinge. Menschen, die Igeln Milch und Brot verabreichen, obwohl diese *keine Laktose vertragen* und viel besser mit Trockenfutter für Katzen zurechtkommen. Ahnungslose, wenn auch gutwillige Menschen, die gefundene Igel in den Wintergarten oder die Küche tragen und nicht wissen, dass es gefährlich ist, sie aus ihrem Dornröschenschlaf zu wecken.

Aus dem Winterschlaf aufzuwachen, ist anstrengend und verbraucht Kalorien.

Man sollte erst einmal nur *beobachten*. Trägt der Igel etwas im Maul, was darauf hindeutet, dass es sich um eine Mutter beim Nestbau handelt?

Ich horche auf. Es gibt Theorien über das, was Igel mit sich herumtragen, beginnend mit Plinius' *Naturgeschichte*.

Er schrieb: »Auch die Igel schaffen Speise auf den Winter an: Sie wälzen sich auf den Äpfeln herum, diese bleiben auf den Stacheln stecken, mehr als einen tragen sie nicht im Maule, und so schleppen sie dieselbe (*sic*) in hohle Bäume.«

Charles Darwin schrieb 1867, in den spanischen Bergen seien Igel gesehen worden, auf deren Stacheln mindestens ein Dutzend Erdbeeren steckten und die auf diese Weise die Früchte in ihre Löcher getragen hätten, um sie ungestört zu fressen.

Emma verdreht die Augen, auch über Aristoteles' Behauptung, Igel würden sich auf den Hinterbeinen stehend paaren.

Sie sieht ihre Aufgabe darin, mithilfe der sozialen Medien – die sich trotz aller Mängel hervorragend dazu eignen – wissenschaftlich fundierte Informationen über Igel zu verbreiten. Der Weg zum Wissen liegt im Kot.

Zufrieden berichtet sie: »Auf meinem Telefon habe ich Fotos von Igel-Scheiße, nicht von meinen Kindern.«

Ich kichere, genau wie die beiden freiwilligen Helferinnen, die mit uns im Labor stehen. Mir fällt auf, dass ich demografisch der Mehrheit der Igel-Fans entspreche (Kinder sind aus dem Haus, man hat wieder etwas mehr Zeit, möchte sich nützlich fühlen, sucht etwas Größeres – in diesem Fall Kleineres – als das eigene Leben) und dass wir alle drei mit dem gleichen besorgten Wunsch nach Anerkennung Emma am Mikroskop beobachten.

Als ich frage, welche Pflegeeltern sich um Peggy kümmern würden, senkt Emma wieder den Blick.

»Dein Ehemann heißt Kim, richtig? Ich fürchte, Peggy hat es nicht geschafft. Die Maden waren zu tief in ihren

Ohren und ihren Genitalien. Wir haben so viele herausgespült, wie wir konnten.«

Als ich auf die Auffahrt zur Schnellstraße einbog, hatte die Sonne das Eis an den Zweigen in milchige Tropfen verwandelt; die braune, nichtssagende Fläche von Norfolk im Winter erwachte zum Leben. Die Natur war voller Hoffnung. Aber wir hatten Peggy verloren. Ich überlegte, auf welche Weise ich es meinem Mann beibringen sollte. Ich bin Ehefrau, aber auch Journalistin, und das Überbringen von Nachrichten, selbst wenn es schlechte sind, hat für mich immer etwas Aufregendes.

Außerdem war er ein bisschen argwöhnisch, weil ich eine Geschichte weiterverfolgt hatte, die eigentlich seine war. Ich versuchte, ein angemessenes Gesicht aufzusetzen, und sagte sowohl mit kummervoller Freundlichkeit als auch mit Genuss: »Peggy ist gestorben.«

Er fuhr hoch. »Das ist nicht wahr, du böses Weib.«

Ich nickte mit feuchten Augen. »Es ist wahr.«

Sie war nur ein Igel. Aber Liebe ist eine Beziehung zwischen Dingen, die sterben. Ich dachte an meinen Dad, der in seinem Bett im Pflegeheim lag und ein wenig aussah wie der heilige Franziskus von Assisi. Haut und Knochen. Und an die Sanftheit des jungen Pflegepersonals, das ihn umzog, seinen Kopf stützte und ihm per Strohhalm Protein-Drinks verabreichte. Er hatte es aufgegeben, die *Times* zu lesen, und als ich ihm ein Buch schenkte, von dem ich wusste, dass es ihm gefallen würde – Simon Jenkins' Buch über die englischen Kathedralen –, sagte er verlegen: »Es ist so schwer.«

In den ersten Tagen im Pflegeheim hatte er mir per E-Mail geschrieben, seiner Ansicht nach würde eine Woche genügen, um ihn wieder in Form zu bringen; es vergingen vierzehn Tage, dann ein Monat, und schließlich sprachen wir vom Frühling. Er müsse nur zunehmen, meinte er. Wir unterhielten uns über den Lärm, den die Krähen beim Nestbau in den Bäumen machten, und über die süße Stimme seiner geliebten Mönchsgrasmücke vor dem Fenster. Er würde wieder ein Teil der Natur werden.

Wir ahnten nicht, wie viel Kampfeswillen noch in ihm steckte. Im November und Dezember füllten sich seine großen blauen Augen, die allmählich tiefer in ihren Höhlen lagen, immer wieder mit angsterfüllten Tränen. Ich fragte ihn, was los sei, und er antwortete, er habe schlicht erkannt, dass dies das Ende sei. Er sah sich mit der eigenen Sterblichkeit konfrontiert. Und sein tröstlicher Glaube hatte ihn verlassen, ausgerechnet jetzt.

Ich erzählte dem Pfarrer davon, der meinte, Zweifel seien nicht der Feind. Sie seien ganz natürlich. Und die Tugend der Ausdauer zähle viel mehr als jede Gewissheit. Später fand ich heraus, dass die Tränen nicht nur psychisch, sondern auch physisch bedingt waren. Herzinsuffizienz beeinflusst die Hirnareale, in denen Gefühle entstehen.

Die Wintersonnenwende nahte, und wir machten uns auf den Verlust gefasst. Während ich am Bett meines Vaters saß, fielen mir die Worte des Erzbischofs von Canterbury ein: Der Kern des Priesteramts sei es, Sterbenden die Hand zu halten.

Ebenfalls an seinem Bett saß, mit größerem Recht, meine Mutter. Die Dynamik ihrer Beziehung hatte sich verändert; vor seinem Zusammenbruch war er der Fürsorgliche gewesen, jetzt sorgte sie sich, wenn seine Hände und Füße kalt waren – der Kreislauf kam zum Erliegen. Meine Mutter hatte Norfolk nie sonderlich gemocht, aber jetzt richtete sie sich im Zimmer neben dem meines Vaters ein wie ein Wachtposten. Zwei Menschen, die sich dem Ende ihrer Lebensreise nähern und erkennen, dass eine Ehe auf Erinnerungen aufgebaut ist. Vielleicht ließe sich sogar die Seele als Erinnerung beschreiben. Die Jahre verschwanden, und sie waren wieder verliebt. Liebe ist eine Beziehung zwischen Dingen, die sterben.

Überraschenderweise schockierte es mich, dass ein alter Mann das Ende seines Lebens erreichte. Ich erzählte dem rebellischen Priester Giles Fraser davon, der regelmäßig in der BBC-Sendung *Thought for the Day* zu hören ist. Warum war ich so verstört? Er antwortete, Trauer habe nichts mit Altersklassen zu tun.

Meine Mutter brachte es auf den Punkt: »Mit so etwas rechnet man in unserem Alter einfach nicht.« Ich nickte anteilnehmend, und wir mussten beide lachen. Womit soll man denn sonst rechnen?

Aber mein Vater war der interessantere Fall. Seine Zeit war abgelaufen. Geliebt, aber kaum noch am Leben, war er nicht bereit, das Handtuch zu werfen. Sein Gottesglaube mochte wanken, nicht aber sein Glaube an die erstaunliche und unendliche Kostbarkeit des Lebens. Man verlässt es erst dann, wenn man unbedingt muss, keine Sekunde früher. Mir wurde klar, dass dies ein Zeichen seiner beiden wichtigsten Charaktereigenschaften war: Dankbarkeit und Demut.

Das Bett wurde zum Mittelpunkt seiner Existenz. Er vergaß allmählich, dass es andere Zimmer gegeben hatte, dass der Weg vom Schlafzimmer zur Küche, zu seinem grünen Tweedsessel mit Blick auf die badenden Blaumeisen in der Vogeltränke, seine Tagesrhythmen strukturiert hatte.

Das Vertraute wurde unvorstellbar: zum Briefkasten zu gehen. Ich erinnerte ihn daran, dass wir vor nur drei Monaten an die Küste nach Holkham gefahren waren, um nach Kurzschnabelgänsen Ausschau zu halten. Jetzt konnte er sich nur die paar Meter bis ins Badezimmer schleppen, und wenn er das tat, schrillten Alarmglocken, und Krankenschwestern eilten herbei, um zu verhindern, dass er stürzte.

Mit den eigenen Kräften haushalten: Damit kennt sich der Igel aus, in seinem Bett aus Blättern und voller Insekten. Tatsächlich hat sich unser Komposthaufen aus Gartenlaub, der von Würmern wimmelt, als schlicht großartig erwiesen. Unser Garten ist ein einziger großer Laubsammelplatz. Er wurde mit einer Grundstruktur aus Buchen und Buchenhecken angelegt. Ich wusste, dass unser Enkel Billy gerne die Blätter herumkickte und beim Zusammenrechen half, bis ihm langweilig wurde, aber ich hatte den Garten noch nie als Wohnanlage für Igel betrachtet.

Der Igel rollt sich zusammen, und sein Herzschlag verlangsamt sich. Seine Körpertemperatur fällt von 34 °C auf 2 °C, und er atmet kaum noch. Er fühlt sich kalt an.

Ich weiß, worauf ich bei meinem Vater achten muss. Sein Puls darf nicht zu schnell hämmern, sein Blutdruck nicht zu stark absinken. Sein müdes altes Herz schleppt sich dank eines Medikamentencocktails gerade noch so voran, aber jede Anstrengung würde ihn umbringen. So sieht sein Gleichgewicht aus – ganz knapp zu überleben.

Ich sage ihm, dass er sich die richtige Jahreszeit für einen Winterschlaf ausgesucht habe. Er verliert den Überblick über die Wochentage und das Wetter. Bei jedem Besuch erzähle ich ihm, ob es kalt oder windig oder sonnig ist; in seinem Zimmer im Pflegeheim bleibt die Temperatur immer gleich.

Der Igel lebt über den Winter von seinem Fett, mein Vater kann das nicht. Meine Schwester und ich füttern ihn mit Bananen; mein Sohn reicht Protein-Drinks durchs Fenster herein (die Besucherzahl ist begrenzt). Mein Enkel winkt fröhlich von draußen und lässt mit seinem Atem die Scheibe beschlagen: »Was machst du da drin?«

Weihnachten geht vorbei, und im Januar erscheinen die ersten Schneeglöckchen. Die Dämmerung setzt etwas später ein. Trotz einiger Beinahe-Katastrophen mit nächtlichen Krankenhausbesuchen in Norwich hält mein Vater durch. Wenn wir es nur bis zum Frühjahr schaffen würden.

In ihrem Buch *The Hedgehog Handbook* bezeichnet Sally Coulthard den Februar als Wendepunkt: »Die erzwungene Isolation der Igelin in ihrem Winterlager ist fast zu Ende. In wenigen Wochen wird sie aus dem Schlaf erwachen, hungrig und viel dünner, aber bereit, den Jahreskreislauf von Neuem zu beginnen.«

Einige überleben, andere nicht. Ende Januar schreibt Emma im Internet, dass drei Igel zu Dr. Nelson gebracht worden seien. Für Primrose und Clivette gab es Entwarnung. Trevor, der Weihnachtsigel, schaffte es nicht.

»Trevor, genannt ›der Weihnachtsigel‹, ein Herr reiferen Alters, kam am Heiligen Abend bei uns an, stark untergewichtig und voller Parasiten und Hautpilze. Er erholte sich und gedieh prächtig, bis sich vor Kurzem eine Geschwulst an seinem Bein entwickelte und er täglich an Gewicht verlor, obwohl er Nahrung zu sich nahm. Gestern hat eine Obduktion gezeigt, dass Trevor Krebs hatte. Ich hoffe, Trevor trabt jetzt glücklich und ohne Schmerzen über den Regenbogen und jagt Ungeziefer. Danke an Dr. Nelson und die Mill-House-Tierklinik.«

Und dann, nachdem ich Kim von »Peggys Tod« erzählt habe, bekomme ich eine Nachricht von Emma:

»Peggy ist eure Peggy!!! Ich bitte um Entschuldigung. Ich habe gerade noch einmal ihr Aufnahmeformular angeschaut. Dein Mann hat sie am 17. Oktober eingeliefert. Sie hatte Fliegenmaden in den Genitalien.«

Peggy lebt; sie wird im Frühling nach Hause kommen. Wenn alles gut geht, wird sie in unserem Garten wieder freigelassen.

In ein paar Kilometern Entfernung vom Queen Elizabeth Hospital, in das mein Vater im Herbst 2021 eingeliefert wurde, liegt die Mill-House-Tierklinik. In dem roten Ziegelbau, der neben einem Universitätsgelände liegt, gibt es Defibrillatoren und blitzende Röntgen- und Ultraschallgeräte. Wegen des pandemiebedingt stark angestiegenen Bestands an Haustieren ist viel zu tun, aber die Beschäftigten sind nicht so überfordert und erschöpft wie die im Queen Elizabeth Hospital.

Hier ist Emma Tierarzthelferin, und hier arbeitet ihre Freundin Helen Nelson als Ärztin. Igel haben eine Sonderstellung in der Tierklinik. Dr. Nelson ist in King's Lynn aufgewachsen, mit Igeln im Garten, und hat als Freiwillige in einer Wildtier-Auffangstation gearbeitet, bevor sie Tiermedizin studierte. Einen Großteil ihrer 39 Lebensjahre hat Dr. Nelson damit verbracht, Igel zu beobachten. Und es ist deren Überlebenswille, den sie am verblüffendsten findet.

Sie haben die Evolution durchgestanden und es geschafft, Straßen, Hunde, Motorsensen und Pestizide zu überstehen, obwohl ihre Zahlen schwinden und sie die Zukunft vielleicht nicht erleben werden.

Die zweite Eigenschaft, die Dr. Nelson an Igeln liebt, ist ihre Ausgeglichenheit. Sie sind nicht so nervös und ängstlich wie Rehe und nicht so aggressiv wie Dachse, die bei all ihrer Schönheit auch tödliche Kiefer, Zähne und Klauen haben – vor allem für Igel.

Igel haben keine Angst vor Menschen, suchen aber auch nicht ihre Gesellschaft. Sie sind selbstgenügsam. Sie sträuben sich nicht, fliehen nicht, kämpfen nicht. Sie rollen sich einfach zusammen. Dr. Nelson erzählt, wie erfreulich der Umgang mit ihnen sei, verglichen mit manch anderen Wildtieren. Es sei leicht, das Weiche, Geschmeidige an ihnen zu entdecken.

Sie sieht sie nicht als Haustiere, erkennt aber individuelle Charaktere. Manche sind lebhafter, manche schüchterner. Männliche Exemplare sind größer und stinkiger, was natürlich ganz generell gilt. Allerdings sind sie niemals gesellig und in mehrfacher Hinsicht mysteriös: Zunächst sind sie nachtaktiv und wandern meilenweit, während wir Menschen schlafen. Mit etwas Rücksichtnahme unsererseits können sie mit uns koexistieren. Aber sie lassen sich kaum zähmen. Dr. Nelson vergleicht sie mit Rotkehlchen, die unsere Nähe suchen, obwohl sie nicht zu unserer Welt gehören. Der Grund liegt nur darin, dass Menschen im Garten sie zu Regenwürmern führen können.

Die Verletzungen, die Dr. Nelson behandelt, erzählen von den Gefahren, denen Igel ausgesetzt sind. Wenn sie sich bei einem Sturz ein Bein brechen, kann eine Amputation nötig werden. Manchmal werden sie von Hunden gebissen, und nicht allzu schlimme Wunden im Gesicht kann man nähen. Weil sie schlecht sehen, müssen sie riechen und hören können. Die schwersten Verletzungen stammen von Dachsen und Motorsensen.

Motorsensen können ihr Rückgrat durchtrennen und sie in zwei Teile schneiden. Die Verheerungen, die Dachse anrichten, sind grauenhaft. Sie drehen die Igel um, reißen ihnen den Bauch auf und zerren die Gedärme heraus.

Genau wie Emma sitzt Dr. Nelson gern in ihrer Praxis bei den Igeln und hört zu. Ihre seltsamen schnaufenden Laute sind ein ähnlicher Seelenbalsam wie die Geräusche von Pferden, die im Stall Heu mampfen.

Sie setzt ihre Hoffnung darauf, dass der individuelle Lebenswille der Igel das Überleben der Art sichern wird. »Wie krank sie auch sind, sie versuchen immer zu fressen. Da ist eine feste Entschlossenheit, zu überleben, in welchem Stadium auch immer. Es ist eine schreckliche Vorstellung, dass sie aussterben könnten.«

Auch ich denke über Überlebenschancen nach und mache mich gleichzeitig auf Hoffnungslosigkeit gefasst. Meinem Vater stelle ich die gleichen Fragen: Isst er genug? Schläft er? Und er sagt: Ja. Warum nimmt er dann immer mehr ab? Meine Mutter stellt die Frage, die wir nicht zu beantworten wagen: »Warum wird er nicht gesund?«

Cicely Saunders, die Gründerin der Hospizbewegung, antwortete einem Patienten, den sie gern mochte, auf die Frage, ob er sterbe, mit einem mutigen »Ja«.

Selbst als mein Vater nicht mehr ohne Hilfe aufstehen konnte, sprach er nicht vom Sterben. Ich glaube nicht, dass er es leugnete, aber er gab die Hoffnung nie auf. Seine Haltung war demütig: Es lag nicht in seiner Hand, und er wollte aus allen verbleibenden Momenten das Beste machen.

»Was ist der Plan?«, pflegte er zu fragen. Ich sagte ihm, ich würde ihm ein Glas seines geliebten lokalen South-Pickenham-Sekts bringen und dann könnten wir die *Six-Nations*-Rugbymeisterschaft im Fernsehen anschauen.

»Ah, gut«, sagte er mit leuchtenden Augen. Dann verschlief er das Rugby. »Ich bin in letzter Zeit so träge«, meinte er.

Cicely Saunders verbrachte ihr Leben damit, den Tod zu einem Teil der Medizin zu machen, war aber keine Befürworterin von Sterbehilfe, weil sie befürchtete, das Recht zu sterben könne sich in eine Pflicht zu sterben verwandeln. Ihre Haltung war die gleiche wie die meines Vaters – eine der Akzeptanz.

Oft zitierte sie die Worte einer ihrer Patientinnen – »Bei mir ist alles im Argen« –, um zu erläutern, dass die Palliativmedizin auf eine ganzheitliche Versorgung Sterbender abzielt.

Sterben ist nicht nur eine medizinische Frage, sondern auch eine öffentliche, soziale und spirituelle. Pfarrer Kit Chalcraft hatte recht: Wenn es zu spät ist für Poesie, kann es immer noch Musik geben. Er hörte sich mit meinem Vater Beethovens überbordende vierte Sinfonie an. Und dann legten Kit und ich unsere Hände in die meines Vaters: der einfachste letzte Akt, die Hand der Sterbenden zu halten.

4

Frau Tiggy-Wiggel und die Poesie der Igel

Am 24. Februar 2022, dem Tag des russischen Einmarschs in die Ukraine, strömten Besucherscharen ins Londoner Victoria and Albert Museum, um sich eine Ausstellung über die Kinderbuchautorin Beatrix Potter und ihr Verhältnis zur Natur anzusehen. Man muss nicht betonen, wie sehr sich die Welt von Präsident Putins wahnsinnigen Machtfantasien von jener in der »Geschichte vom kleinen Schwein Robinson« unterscheidet, deren Figuren »ein glückliches, ereignisarmes Leben« führen.

Der Satiriker Craig Brown veröffentlichte in der *Daily Mail* eine Liste tröstlicher Schlagzeilen, mit denen man sich vom apokalyptischen Krieg ablenken könne. Einer seiner Vorschläge lautete: »Igel überquert sicher die Straße«.

Beatrix Potters Vater war ein Unitarier aus dem Norden Englands; laut der Familienbiografie *Over the Hills and Far Away* von Matthew Dennison fürchtete Rupert Potter »jegliche Form von Störung oder Gewalt« und zog ruhige Provinzstädte der modischen Hauptstadt vor.

Als ich die Museumsausstellung besuchte, hörte ich viele nordenglische Stimmen mit Yorkshire- oder Cumbrian-Akzent, aber es war auch Publikum aus dem Ausland da. An dem Tag, als die Weltordnung kollabierte und die Tyrannei ausbrach, sehnte man sich danach, die Gewohnheiten von Haselmäusen zu erkunden.

In der Pandemie verloren Großstädte ihren Reiz, aber dazu hatte Beatrix Potter schon vor über 150 Jahren eine klare Meinung. Sie bezeichnete London als »ungeliebte Heimat«; ihre Freuden waren der Norden und die Natur. Sie beobachtete die Tier- und Pflanzenwelt wie ihr Vorgänger, der Naturforscher Gilbert White, und vor ihren Zeichnungen im Museum war anerkennendes Gemurmel zu hören, während warme Atemluft die Brillengläser über den Gesichtsmasken beschlagen ließ. Die Igel-Bilder zeigen ein raffiniertes Farbspektrum und geben die Schnauzen präzise wieder. Sie sind anatomisch korrekt und doch voller Charakter. Beatrix Potter besaß einen Sammlungsschrank, in dem sie Fossilien, Eier und Schmetterlinge aufbewahrte. Sie besuchte Naturkundemuseen, um Mineralien abzuzeichnen. Die zeitgenössischen Naturwissenschaftler in Kew Gardens und Cambridge schauten auf sie herab, aber einer unserer geliebten naturkundigen Dorfpfarrer sprach ihr Mut zu. In diesem Fall war es Hardwicke Rawnsley, Pfarrer von Wray-on-Windermere und Gründer einer Gesellschaft, die sich für den Schutz des Lake District engagierte.

Potter hatte eine spezielle Beziehung zur britischen Natur. Sie schrieb über sich: »Ich scheine jedes Tier zähmen zu können.« Das galt auch für Igel. Ein Igelweibchen, das als Haustier gehalten wurde, war die Inspiration für Frau Tiggy-Wiggel. »Bei mir war sie kein bisschen piksig; sie legte ihre Stacheln an, um sich streicheln zu lassen.«

Potter bekam auch Ratschläge von dem präraffaelitischen Maler John Everett Millais, der ihr brieflich empfahl, »die Welt so zu nehmen, wie wir sie vorfinden«. Das ist eindeutig Igel-Weisheit.

Als Potters große Liebe an lymphatischer Leukämie starb – Norman Warne, der als Sohn ihres Verlegers ihre Bücher betreute –, fand sie Trost in der Natur. Sie beschreibt sie beinahe in einer Sprache der Wiederauferstehung: »Ich weiß noch, dass ich dachte, der Abend sei still wie der Tod – und ebenso schön … Während ich ihn betrachtete, stieg durch den Nebel über dem Meer, nur für ein paar Sekunden, ein Schimmer goldenen Sonnenscheins – ›Und um den Abend wird es licht sein‹.«

Sie trat der *Society for the Protection of Ancient Buildings* bei, einer von William Morris gegründeten Denkmalschutzvereinigung, und heiratete später den Pfarrerssohn William Heelis. Die *Westmoreland Gazette* beschrieb die Hochzeit als »stillste aller stillen Angelegenheiten«. Das Paar führte ein glückliches, ereignisarmes Leben und bewirtschaftete 1600 Hektar Land mit zwei Herden von Herdwick-Schafen.

Um Frau Tiggy-Wiggel zu verstehen, muss man im Lake District gewesen sein. Der erste Zauber liegt bereits in der Luft: Sie ist im Herbst eisig klar, mit einem Hauch von Holzrauch, und im Frühling liefern süß duftende Schneeglöckchen das Vorspiel für die florale Oper, die folgt: Hasenglöckchen, Primeln und wilde Narzissen.

Der zweite Zauber ist das Licht: Es hält sich mindestens ein, zwei Stunden länger als im Süden. Für noch weitere Zeitreisen kann man die kargen Hänge emporklettern und der Sonne nachjagen, bis man auf einem zerklüfteten Felsen furchtbar erschöpft aufgibt. Dann kriecht die Sonne wieder nach unten – ein letztes Aufblitzen glutroter Pracht, bevor sie schließlich verschwindet. Kein Wunder, dass Beatrix Potter diese Gegend so liebte. Die Landschaft sieht aus wie aus einem Kindertraum: Berge, felsige Hügel, wilder Farn, fremdartige Pilze, Bergwiesen, gluckernde Bäche, Wasserfälle, Tümpel und Seen. Es ist der perfekte Ort für den ebenso wunderlichen Igel.

Beatrix Potters verlorene Liebe Norman Warne war anfangs gegen das Buchprojekt über Frau Tiggy-Wiggel. Er warnte: »Schmutzige Igel gefallen Kindern nicht unbedingt – wahrscheinlich weil sie nicht flauschig sind.« Heute kommt uns das ziemlich eigenartig vor. Wir können uns Igel nur mit Mühe als mit Krankheitserregern verseuchte Feinde vorstellen. Früher allerdings war das Wort »Igel« ganz klar negativ besetzt. In Shakespeares Drama *Richard III.* beschimpft Lady Anne den Herzog von Gloucester vor dessen Krönung als »Igel«, und im *Sommernachtstraum* wird das Tier zusammen mit Schlangen, Molchen und Spinnen von den Elfen verjagt.

Mit ihrem außergewöhnlichen Gespür für Tiere und ihrer kreatürlichen Intuition hatte Beatrix Potter keine Zeit für solche Zweiteilungen. In ihrem heimischen Studierzimmer waren Fledermäuse, Frösche, Schlangen, Eidechsen und Igel willkommen. Sie beobachtete und zeichnete ihre Sammlung wie besessen. Und als echtes Kind des viktorianischen Zeitalters kochte sie ihre Haustiere aus, wenn sie starben, um Skizzen ihrer Skelette anzufertigen (ja – auch die Häschen).

Ihre Kindheit war eine seltsame Mischung aus Freiheit und Zwang. Sie wuchs im vornehmen Londoner Stadtteil Kensington auf, wo ihre unitaristischen Eltern nicht so recht in die traditionelle Upperclass passten. Als Nonkonformisten wurden sie von der besseren Gesellschaft geächtet, und ihre soziale Unsicherheit führte dazu, dass Beatrix und ihr kleiner Bruder kaum gleichaltrige Freunde hatten. Ihre Mutter Helen war eine schwierige, herrschsüchtige Frau, von der Beatrix in ihrem Tagebuch als »Feind« sprach.

Das junge Mädchen war auf der Suche nach Gesellschaft und nach Fluchten in die Fantasie. Beides boten ihr ihre Haustiere. Ihr Privatzoo brachte, wie man sich denken kann, eine Menge häuslicher Abenteuer mit sich. Ein Tagebucheintrag beginnt mit den Worten: »Sally die Schlange und vier schwarze Molche über Nacht ausgebrochen. Einen Molch im Schulzimmer und einen in der Speisekammer eingefangen, aber von der armen Sally keine Spur.« Ihr eigener Freiheitsdrang musste warten, bis sie Ende dreißig war und mit dem Buchvertrag für *Peter Hase* finanzielle Unabhängigkeit erlangte.

Die ersten Skizzen von Frau Tiggy-Wiggel fertigte Beatrix Potter im Sommer 1904 an, als sie im Lake District Ferien machte. Das reizende Örtchen Little Town bei Keswick lieferte den Hintergrund, zusammen mit dem Newlands-Tal und dem Berg Skiddaw. Für die kleine Tür von Frau Tiggys Cottage zeichnete sie den Eingang zu einer stillgelegten Mine ab. Genau diese Mischung aus naturgetreuer Beobachtung und überbordender Fantasie macht den Reiz von Potters Illustrationen aus. Es ist schon oft angemerkt worden, dass all ihre Tiere anatomisch korrekt sind – in heutigen Kinderbüchern eine Seltenheit –, weil sie nach der Wirklichkeit zeichnete. Und so war ihr zahmer Igel, die wahre Frau Tiggy, das Modell für die ersten Skizzen (später nutzte sie eine Puppe als Vorlage für die Figur mit ihrem Häubchen). Potter brachte ihrem etwas widerspenstigen Motiv Zuneigung, wenn auch keine Rührseligkeit entgegen. In einem Brief an Norman schrieb sie:

Solange sie auf meinem Knie schlafen darf, ist sie bester Laune, aber wenn sie eine halbe Stunde lang aufrecht hingestellt wird, fängt sie erst jämmerlich an zu gähnen und beißt dann tatsächlich zu! Trotzdem ist sie ein liebes Wesen, wie ein sehr dicker und ziemlich dummer kleiner Hund.

Diese Charakterisierung ist nicht sonderlich schmeichelhaft, aber immerhin besser als »schmutzig«. Dargestellt wird Frau Tiggy-Wiggel als kugelrund, mit niedlich unter den dicken, pelzigen Wangen gefalteten Händen und einer adretten Schürze. Mit dieser lustigen Illustration holte Potter den Igel ins Reich des Liebenswerten.

Wahrscheinlich genügte es schon, den Igel auf die Hinterbeine zu stellen. Niedlichkeit funktioniert ästhetisch ziemlich simpel – je kleiner und rundlicher, desto besser. Auf Instagram gibt es zahlreiche Fotos von Igeln, die auf dem Rücken liegen und sich kitzeln lassen. Ein Igelweibchen aus Tokio namens Darcy hat mehr als 300 000 Follower und sieht ständig aus wie ein umgedrehter Käfer. Auf einem Foto trägt es eine Kochmütze und hält eine winzige Bratpfanne, auf dem nächsten liegt es auf einem Teller zwischen Messer und Gabel. Es ist nicht ganz klar, ob wir es knuddeln oder essen sollen.

Das Unbehagen, das zwischen Igeln und Menschen herrschte, war Potter bewusst. Trotz all ihrer niedlichen, tröstlichen Häuslichkeit hat Frau Tiggy-Wiggels Charakter ein paar Stacheln. Potters zweite Inspirationsquelle war nämlich Kitty Macdonald, eine schottische Waschfrau, die bei der Familie arbeitete, wenn diese den Sommer in ihrem Landhaus in Perthshire verbrachte. Frau Tiggy-Wiggel ist eine eher matronenhafte als mütterliche Figur, und die kindliche Protagonistin Lucie ist von ihr nicht nur durch ihre Zugehörigkeit zu einer anderen Spezies getrennt, sondern auch durch das viktorianische Klassensystem.

Die Geschichte handelt von Lucies Suche nach verlorenen Habseligkeiten: drei Taschentüchern und einer Schürze. Sie fragt das Tigerkätzchen und Sally Henny-Huhn, denen ihre Nöte gleichgültig sind. Die Henne ist nicht den Gesetzen der Menschen im viktorianischen England unterworfen; sie gackert: »Ich lauf barfuß, barfuß, barfuß!« Das Rotkehlchen schaut Lucie nur »von der Seite an« und fliegt davon. Lucie setzt ihre Suche fort und klettert den Hügel empor, bis sie an einer sprudelnden Quelle anlangt und dort »die Fußspuren einer sehr kleinen Person« entdeckt. Dahinter, in einem Felsen, ist eine kleine Tür, gerade groß genug für ein Kind. Frau Tiggy-Wiggel ist nicht begeistert von diesem Überraschungsbesuch. Sie ruft mit leiser, erschreckter Stimme: »Wer ist da?«, und macht einen förmlichen Knicks vor dem kleinen Mädchen. Anscheinend hat Lucie sowohl magische als auch häusliche Grenzen überschritten.

Tiggy heißt Lucie allerdings schnell willkommen und zeigt dem Mädchen, womit sie gerade beschäftigt ist. Anscheinend ist die Arme vollkommen überlastet; sie kümmert sich um die Wäsche aller Tiere im Tal: die Weste des Rotkehlchens, die Tischdecke des Zaunkönigs, die Strümpfe von Sally Henny-Huhn, das Schnupftuch der alten Frau Hase, die Fäustlinge des Tigerkätzchens, die Hemdbrüste von Max Meise, die Wolljacken der kleinen Lämmer, den Frack des Eichhörnchens Nüssli, die Jacke von Peter Hase und – natürlich – Lucies vermisste Taschentücher und Schürze.

Es ist keine richtige Freundschaft. Zwischen einer gehorsamen Bediensteten und einem neugierigen Kind gibt es eine natürliche Distanz. Lucie bemerkt, dass Tiggys Hände »sehr, sehr braun und sehr stark verschrumpelt von der Seifenlauge« sind und dass überall Stachelspitzen aus ihrem Kittel und ihrer Haube herausschauen, weshalb »sich Lucie lieber nicht zu nah neben sie« setzt.

Stacheln – das Kennzeichen des Igels – und seine magische Fähigkeit, sich zu einer Kugel zusammenzurollen, machen ihn zu einem Tier voller Widersprüche. Stachelig und zart, wild und zahm, stark und schutzlos. In gewisser Hinsicht hatte Norman Warne recht: Der Igel ist kein Kinderspielzeug.

Diese changierende Zweideutigkeit hat poetische und philosophische Fantasien inspiriert. Jacques Derrida war derjenige, der den Igel als Metapher für die Dichtkunst als solche betrachtete. Eine italienische Literaturzeitschrift bat ihn, die Frage »*Che cos'è la poesia?*« zu beantworten: Was ist Dichtung? Seine Antwort lautete: »*le hérisson*«. Dabei stützte er sich auf einen früheren Philosophen, Friedrich von Schlegel, der schrieb: »Ein Fragment muß gleich einem kleinen Kunstwerke von der umgebenden Welt ganz abgesondert und in sich selbst vollendet sein wie ein Igel.« Derrida führt diesen Gedanken weiter.

Er spricht von einem Igel, der zur Selbstverteidigung »absolut, einsam, *bei sich* – in sich kugelförmig zusammengerollt« auf einem Weg oder auf der Straße liegt. Aber »aus diesem Grunde *gerade*« laufe er Gefahr, überfahren zu werden. Mit der Dichtung, argumentiert Derrida, verhalte es sich genauso. Ein Gedicht schütze sich selbst, indem es sich dem vollkommenen Verständnis verweigere, laufe dabei aber Gefahr, ignoriert und vergessen zu werden. Es sei, wie der Igel, verwundbar – es bitte die Menschen: »lerne mich auswendig (…), schreibe mich (ins reine) ab, wache bei mir und schütze mich, sieh mich an«. Bei richtiger Behandlung lege der Igel – oder das Gedicht – seine Stacheln an und öffne sich für uns. Auswendig lernen, *apprendre par cœur* oder *to learn by heart*, werde in vielen Sprachen mit dem Herzen assoziiert, merkt Derrida an. Gedichte sprechen genau wie Igel unser Herz an, sie wecken unseren Beschützer- und Mutterinstinkt.

Das mag ein wenig sentimental wirken für einen Philosophen, der normalerweise mit stacheligen Ideen wie Atheismus und Dekonstruktion in Verbindung gebracht wird. Tatsächlich war Derrida aber ein leidenschaftlicher Tierfreund und brachte bewegende Argumente für das vor, was man »Tierrechte« nennen könnte – obwohl seiner Ansicht nach schon der Begriff problematisch ist. Derrida mit seinem feinen Gespür für Sprache sieht das Wort *animal* als Werkzeug der Unterdrückung, das die Dominanz der Menschen verstärke.

> Das Tier (*L'animal*), was für ein Wort!
> Das ist ein Wort, das Tier, das ist eine Benennung, die Menschen eingeführt haben, ein Name, den dem anderen Lebenden zu geben, sie sich das Recht und die Autorität gegeben haben. (…) Und das trotz der unendlichen Räume, die die Eidechse vom Hund, das Protozoon vom Delphin, den Hai vom Lamm, den Papagei vom Schimpansen, das Kamel vom Adler, das Eichhörnchen vom Tiger oder den Elefanten von der Katze, die Ameise vom Seidenwurm oder den gewöhnlichen Igel vom australischen Ameisenigel trennen. Ich unterbreche meine Nomenklatur und rufe Noah zu Hilfe, um niemanden auf der Arche zu vergessen.

Hier stimmt Derrida nicht mit der westlichen Philosophie überein, die das Leben der Tiere entweder komplett ignoriert oder verleugnet, dass es sich um Wesen mit Bewusstsein handelt. Martin Heidegger schrieb: »der Stein ist weltlos, das Tier ist weltarm, der Mensch ist weltbildend«. Dieses Überlegenheitsgefühl entstammt Derrida zufolge der christlichen Ideologie. Im 1. Buch Mose bestimmt Gott, die Menschheit solle »herrschen über die Fische im Meer und über die Vögel unter dem Himmel und über das Vieh und über die ganze Erde und über alles Gewürm, das auf Erden kriecht«. Das passt nicht recht zum heutigen Umweltbewusstsein. Unser Verhältnis zu Tieren wurde von den Anforderungen der Massenproduktion zersetzt – das war Jacques Derrida schon in den 1960er-Jahren bewusst. Er beobachtete »Bedingungen, die Menschen früherer Zeiten für monströs gehalten hätten«: industrielle Massentierhaltung und die fortschreitende Zerstörung natürlicher Lebensräume. Genau wie Derrida ziehen zeitgenössische Denker eine direkte Verbindung zwischen der Klimakatastrophe und der westlichen humanistischen Ideologie. Der Philosoph John Gray gibt in seinem Buch *Von Menschen und anderen Tieren* dem Humanismus und dem Glauben an unsere »Herrschaft« über andere Lebewesen die Hauptschuld an der Zerstörung der Natur.

In der hinduistischen Kultur ist das Verhältnis zu Tieren ein ganz anderes. Man glaubt, dass sie eine Seele haben, genau wie Menschen, und bestimmte Lehren verlangen von ihren Anhängern, vegetarisch zu leben. Aktuelle Forschungsergebnisse zeigen, dass dieser Glaube durchaus richtig sein könnte, und rufen nach einer radikalen Neubewertung bisheriger Annahmen. Im Jahr 2012 veröffentlichte eine prominente Gruppe von Wissenschaftlerinnen und Wissenschaftlern die *Cambridge Declaration on Consciousness*, die erklärte, dass eine beträchtliche Zahl von Tieren, darunter auch Wirbellose wie der Oktopus, über ein Bewusstsein verfügten. Unsere Kultur hat entsprechend aufgeholt. Während des Lockdowns sandte der Dokumentarfilm *Mein Lehrer, der Krake* über die freundschaftliche Beziehung zwischen einem Taucher und einem Oktopus Schockwellen durch die ganze Welt – und ich werde in Zukunft sicherlich zweimal nachdenken, bevor ich beim Italiener in ein Polpo-Sandwich beiße. Die neuere Dokumentation *Cow* von Andrea Arnold porträtiert auf ähnlich genaue Weise Leben und Tod einer Milchkuh. In der Anfangssequenz wird die Kuh von ihrem Kalb getrennt, woraufhin sie sich zurückzieht und nicht mehr frisst. Ich kann mich immer noch nicht dazu überwinden, den Film ganz anzusehen.

Um auf Derrida zurückzukommen: Die Problematik der Tiere, schreibt er, sei eine einfache. Wir müssten nur fragen: »Können sie leiden?«, und wenn die Antwort Ja lautet, müssten wir uns die zweite, schwierigere Frage stellen – warum wir sie leiden lassen.

Nachdem er an Genozid und Gaskammern erinnert hat, holt er zu einem diskursiven Rundumschlag aus:

Statt Ihnen diese Bilder wieder wachzurufen, (...) werde ich nur einige Worte zu jenem »Pathos« sagen. Wenn diese Bilder »pathetisch« sind, dann auch deshalb, weil sie auf pathetische Weise die gewaltige Frage des Pathos und, eben gerade, des Pathologischen, des Leidens, des erbarmenden Mitgefühls (*pitié*) und des Mitleid(en)s (*compassion*) aufwerfen.

Wenn das nicht sentimental ist. Unser Versagen beim Schutz der Igel ist ein existenzielles Versagen, ein Symbol – und Symptom – unserer Entfremdung von der lebendigen Welt (das Wort »animalisch« stammt interessanterweise vom lateinischen *anima*, »Atem« oder »Seele«, ab). Das wusste natürlich niemand besser als Samuel Beckett, dessen morbider Bericht über eine gescheiterte Igel-Rettung aus seiner Novelle *Gesellschaft* auf einer Verfehlung in seiner eigenen Kindheit beruht.

Er hat Mitleid mit einem Igel, den er draußen in der Kälte findet, holt ihn ins Haus und setzt ihn »in eine alte Hutschachtel« in einem leer stehenden Kaninchenstall, mit offener Tür, damit der Igel frei ein- und ausgehen kann. Später fühlt er die »Glut«, die durch diese »gute Tat« in ihm entstanden ist, und ist sich sicher, der Igel habe Glück gehabt, ihm über den Weg gelaufen zu sein. Dann folgt eine der düstersten Passagen, die ich je gelesen habe – man sollte sie mit einer Triggerwarnung für Igel-Freunde versehen.

> Am nächsten Morgen aber war die Glut nicht nur erloschen, es war sogar ein großer Unmut an ihrer Stelle. Die dunkle Ahnung, dass vielleicht doch nicht alles so war, wie es hätte sein sollen. Dass du, anstatt deiner guten Tat, vielleicht besser daran getan hättest, nichts zu tun und den Igel seines Weges ziehen zu lassen. Ganze Tage, wenn nicht sogar Wochen vergingen, ehe du es über dich brachtest, wieder zu dem Stall zu gehen. Du hast nie vergessen, was du dort vorfandest. Du liegst auf dem Rücken im Dunkeln und hast nie vergessen, was du da vorfandest. Den Brei. Den Gestank.

Das arme Kind sieht sich mit der schmerzlichen Realität des eigenen ungeschickten Eingreifens konfrontiert. Das Gleiche könnte man von Ted Hughes und seiner gescheiterten »Rettung« sagen; sein Igel machte »ein Geräusch wie das Weinen eines kleinen Kindes (…), die Nase in eine Ecke gedrückt, und schniefte und schnüffelte sich das Herz aus dem Leib«.

Igel sind Wanderer, die sich vorsichtig entlang der Grenzen der menschlichen Lebenssphäre bewegen und immer wieder aufgehoben, weggetragen und falsch behandelt werden. Es fällt schwer zuzugeben, wie viele Misshandlungen wir begangen haben, ob absichtlich oder nicht. Der Dichter Paul Muldoon erkundet diese Frage in seinem Gedicht »Igel«, in dem das Tier eine niederschmetternd zynische Haltung einnimmt.

Hier öffnet sich der Igel uns gegenüber nicht, wie sehr wir ihn auch lieben wollen.

(...) Der Igel
Teilt sein Geheimnis mit niemandem.
Wir sagen, Igel, komm aus
Dir raus, und wir werden dich lieben.

Wir wollen nichts Böses. Wir wollen
Nur hören, was du
Zu sagen hast. Wir wollen
Deine Antworten auf unsere Fragen.

Der Igel verrät
Nichts, er behält sich für sich.
Wir fragen uns, was ein Igel
Zu verbergen hat, warum er so misstraut.

Wir vergessen den Gott
Unter dieser Dornenkrone.
Wir vergessen, dass nie wieder
Ein Gott der Welt vertrauen wird.

Es gibt eine Pointe am Schluss von *Frau Tiggy-Wiggel*. Als das Kind, Lucie, sich umdreht, um sich zu verabschieden, stellt es fest, dass Frau Tiggy-Wiggel verschwunden ist. Sie hat »weder Dankesworte noch eine Bezahlung« abgewartet. Dann sieht Lucie sie auf einmal den Hügel hinauflaufen. Aber es ist gar nicht Frau Tiggy-Wiggel – denn wo sind ihre weiße Haube, ihr Kittel und ihr Unterrock geblieben? Nun, Frau Tiggy-Wiggel ist nichts weiter als ein Igel. Und genau wie es bei einem Igel sein sollte, streift sie frei herum – sicher und außerhalb unserer Reichweite.

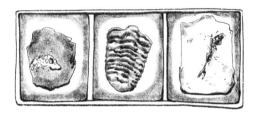

5

Vorgeschichte und Igel-Dämmerung

Mir fällt Rory Stewarts Rede über die Igel wieder ein: dass der Igel und seine Vorfahren »um ein Haar von einem Tyrannosaurus Rex zertreten worden« wären. Das schiere Alter dieser Tierart stimmt mich demütig. Einen Fuß vor den anderen, seit Millionen von Jahren.

Im Naturhistorischen Museum in London gibt es ein fossiles Igelskelett aus dem mittleren Eozän, 33 bis 56 Millionen Jahre alt. Das Tier ist auf der Flucht, mit gestreckten Hinterbeinen, einem kräftigen Becken und … einem Schwanz.

Die Kuratorin für fossile Säugetiere, Dr. Spyridoula Pappa, zeigt mir ihren Schatz nach einer kurzen Tour vorbei an Vitrinen voller Kieferknochen, die von Charles Darwins

Reise mit der *Beagle* stammen. Roula, wie sie sich vorstellt, sieht in ihrem langen grünen Kleid mit einem schwarzen T-Shirt und modernen Ohrringen aus wie die schöne, schlanke Sängerin eines Eidechsen-Nachtclubs. Über ihrer schwarzen Gesichtsmaske sind lebhafte schwarze Augen, geschwungene Brauen und glänzendes Haar zu sehen.

Ihr Blick verdüstert sich ein wenig angesichts meiner Reaktion: Ich sage, der Igel sehe eher aus wie eine Ratte. Sie antwortet streng: »Der Igel ist kein Nagetier.«

Aber sie verzeiht mir und zeigt mir weitere Magazinladen voller winziger Steinbrocken. Ganz besonders knapp scheint ein fingerlanger Igel den Dinosauriertritten entkommen zu sein; er ist nur so groß wie eine Spitzmaus. Seine Überreste wurden in British Columbia gefunden und sind 52 Millionen Jahre alt.

Als Nächstes hält Roula mit Plastikhandschuhen liebevoll ein in Frankreich gefundenes Schädelfragment in die Höhe – ein stacheliges, karamellbraunes Fossil.

Sie erzählt von einem prähistorischen Riesenigel, der angeblich im späten Miozän in Italien gelebt haben soll; das Museum besitzt keine Überreste von ihm. Mir fällt die Baumgruppe auf einem Hügel in Wiltshire ein, die dort »drei Igel in einer Reihe« genannt werden.

Und ich denke an West Runton in Norfolk, wo ehemaliger Waldboden aus Torf am Fuß einer Klippe liegt, vollgepackt mit Fossilien. Sie stammen aus einem späteren Zeitalter, sind aber reich an kleinen Säugetieren und Vogelknochen. Im Quartär, das vor etwa 2,6 Millionen Jahren begann, entwickelte sich allmählich ein neues Raubtier als Gefahr für den Igel: der Mensch.

Roula zeigt mir im Mikroskop einen weiteren Igelknochen. Vermutlich stammt er aus einer Zeit, in der die Menschen noch kein Feuer nutzten, ganz zu Beginn unserer Ahnenreihe. Eine hauchfeine Schnittspur ist zu erkennen.

Igel wurden bis vor relativ kurzer Zeit verzehrt und sind bis heute bei den Roma und bei Fans der *Roadkill Cuisine*, die überfahrene Tiere essen, beliebt. Ein besonders raffiniertes Rezept zitiert Hugh Warwick, der bereits erwähnte David Attenborough der Igel, in seinem Grundlagenwerk *A Prickly Affair*. Das Rezept stammt aus dem Essay »Ein Bericht über die maurische Weise der Zubereitung von Fleisch« von Jezreel Jones, der 1699 in den *Philosophical Transactions* der Royal Society erschien.

> Der Igel ist bei ihnen ein fürstliches Gericht, und bevor sie ihn töten, reiben sie seinen Rücken über den Boden, wobei sie zu zweit seine Füße halten wie Männer an einer Steinsäge, bis er nicht mehr quiekt; dann schneiden sie ihm die Kehle durch und schneiden mit einem Messer alle Stacheln herunter und sengen ihn mit einer Flamme ab. Sie holen sein Gedärm heraus, füllen den Körper mit etwas Reis, süßen Kräutern, Kichererbsen, Gewürzen und Zwiebeln; sie geben etwas Butter und Kichererbsen in das Kochwasser und lassen ihn in einem dicht verschlossenen kleinen Topf kochen, bis es genug ist und er ein exzellentes Gericht ergibt.

Die Schnittspuren, die an fossilen Igeln *(Erinaceus broomei)* in der Olduvai-Schlucht in Tansania gefunden wurden, lieferten wertvolle Informationen über das Verhalten unserer und ihrer Spezies. Ein Artikel im *Journal of Human Evolution* von 1999 erläutert, dass die Schnitte an den Igelkieferknochen sich durch ihre schräge Anordnung und charakteristische Mikromorphologie von Trampelspuren unterschieden.

Dem Artikel zufolge spricht dies eher für »Häutungsvorgänge« als für »Entfleischung«. Mich schaudert, wenn ich daran denke, was Dachse tun. Die Menschen nutzten wenigstens etwas zartfühlendere Methoden, um Igel zu töten.

In Roulas Büro gibt es noch weitere Fossilien, die wie Edelsteine unter Glas ausgestellt sind. Das winzige Fragment einer erkennbaren langen Schnauze aus der Schweiz. Eine Knochenformation aus Afrika.

Neben uns steht Stephanie Holt vom Naturhistorischen Museum, die Fortbildungsmaßnahmen zum Thema Biodiversität leitet. Ihr Spezialgebiet sind Fledermäuse, aber gleich auf dem zweiten Platz folgen Igel. Sie beugt sich über die Versteinerungen: »Mit Fossilien können wir Zeitreisen unternehmen – zu den Igeln der Vergangenheit, der Gegenwart und der Zukunft.«

Stephanie versprüht rötlichen Glanz, mit ihrer präraffaelitisch anmutenden roten Lockenpracht, ihrem Freiluftteint und der strahlenden Freude an ihrer Berufung, dem Naturschutz.

»Das Interessante an Igeln ist, dass sie uns nach wie vor ziemliche Rätsel aufgeben«, erzählt sie, nachdem sie sich auf einem grünen Sofa unter einer Karte von Wildnisgebieten und zwei historischen Porträts niedergelassen hat. Die Bilder zeigen Mary Anning, die großartige Naturforscherin und »Fossilienfrau« aus Dorset, und Gilbert White, einen Landpfarrer und Hobbynaturhistoriker des 18. Jahrhunderts.

Vor uns steht ein schönes Exemplar eines Igels, fachkundig ausgestopft. Er scheint in Bewegung zu sein, und seine Beine sind ähnlich lang wie die des Fossils, das ich beleidigenderweise für ein Nagetier hielt. Sein Spitzname im Museum lautet »Linford«. Allmählich lerne ich, leichte Unterschiede in der Färbung wahrzunehmen; dieser Igel hat sonnengebleichte Stacheln. Ich glaube, ich würde ihn wiedererkennen.

Wer sich mit Naturgeschichte befasst, braucht ein gutes Auge für Details. Beatrix Potter machte sich minutiöse Notizen über Aussehen und Verhaltensweisen von Tieren, in der Tradition von Gilbert White. Auch Stephanie ist ein Fan von White, weil er den englischen Ansatz der genauen Beobachtung – anstelle von hochtrabenden Thesen – entwickelt hat.

Vor Gilbert White war unser Wissen über Naturgeschichte seit den Römern wie ein Evangelium überliefert worden. Wie Stephanie es ausdrückt: »Was auch immer Plinius behauptete, wir haben es einfach abgeschrieben!«

Mir fallen die absurden Lehren aus Plinius' *Naturgeschichte* ein. »Auch die Igel schaffen Speise auf den Winter an: Sie wälzen sich auf den Äpfeln herum, diese bleiben auf den Stacheln stecken, mehr als einen tragen sie nicht im Maule, und so schleppen sie dieselbe (*sic*) in hohle Bäume.«

Für Stephanie ist die erste wahrheitsgetreue Beschreibung eines Igels die von Gilbert White aus dem Jahr 1770.

Anstatt ein totes Exemplar wissenschaftlich zu untersuchen, erfasste White, was das Wesen eines Igels ausmacht. Wenn wir Linford, den Igel aus dem Natural History Museum, beschreiben sollten, könnten wir sagen, dass es sich um ein langbeiniges, stacheliges, zum Laufen ausgelegtes

Lebewesen handle. Wir würden nicht wissen, dass er sich zusammenrollen konnte, und schon gar nicht, dass er vorher die Stirn runzelte. Gilbert White zog es vor, »genau zu beobachten«. Er schrieb an seinen Freund Thomas Pennant, Verfasser des Buches *British Zoology*:

Gilbert White an Thomas Pennant, Selborne, 22. Februar 1770
Dear Sir, Igel gibt es reichlich in meinen Gärten und Feldern. Es ist eigenartig, wie sie die Wurzeln des Wegerichs auf den Graswegen fressen. Mit dem Oberkiefer, der viel länger ist als der Unterkiefer, untergraben sie die Pflanze und fressen dann die Wurzel nach oben ab, lassen aber das Blätterbüschel unangetastet. In dieser Hinsicht sind sie von Nutzen, da sie ein ärgerliches Unkraut vernichten, nur verschandeln sie die Wege durch die kleinen, runden Löcher, die sie graben. An dem Kot, den sie auf dem Rasen hinterlassen, ist abzulesen, dass ein beträchtlicher Teil ihrer Nahrung aus Käfern besteht. Im Juni vergangenen Jahres brachte man mir einen Wurf von vier oder fünf Jungen, die fünf oder sechs Tage alt zu sein schienen. Sie werden, glaube ich, blind geboren wie Welpen und konnten noch nicht sehen, als ich sie bekam. Natürlich sind ihre Stacheln zum Zeitpunkt der Geburt weich und biegsam, sonst würde es dem armen Weibchen beim Gebären schlecht ergehen. Aber sie werden schnell hart, denn die kleinen Schweinchen hatten schon so spitze Stacheln auf dem Rücken und an den Seiten, dass man sie vorsichtig behandeln musste, um sich nicht blutig zu stechen. Die Stacheln sind noch ganz weiß, die kleinen Ohren hängen herab, was meines Wissens bei älteren Igeln nicht der Fall ist. Sie können in diesem Alter bereits die Haut über das Gesicht ziehen, sich

aber noch nicht, wie es ausgewachsene Igel zur Verteidigung tun, zu einem Ball zusammenrollen, weil die dazu nötigen Muskeln vermutlich noch nicht mit der vollständigen Spannkraft und Stärke ausgebildet sind. Igel machen sich tief in der Erde aus Laub und Moos ein warmes Hibernaculum, *in das sie sich über den Winter zurückziehen, doch habe ich nie gesehen, dass sie sich einen Vorrat anlegten, wie es manche Vierfüßer zweifellos tun.*

Stephanie ist hingerissen von der Genauigkeit der Beobachtung. Niemand hatte je zuvor junge Igel beschrieben, die an ihren weißen Stacheln zu erkennen sind.

»Er muss ein Igelnest gefunden haben«, sagt sie mit leuchtenden Augen.

Beobachtung ist wichtig, weil es immer noch viele Dinge gibt, die wir nicht über Igel wissen. Es ist schwierig, sie im Auge zu behalten, wenn sie einfach aus unserem Blickfeld verschwinden. Seit mein Interesse an ihnen erwacht ist, spähe ich unter Hecken oder bleibe stehen, wenn ich etwas sehe, das sich dann als Stein oder Grasbüschel erweist. Die abnehmende Zahl der überfahrenen Igel ist kein verlässliches Maß. Zum einen ist sie verhaltensabhängig. Wie viele Igel wagen sich auf die Straße hinaus? Vielleicht sind Igeln ja die Gefahren des Straßenverkehrs stärker bewusst geworden? Aber das klingt für mich wie Plinius' Hypothesen. Ich fürchte, Gilbert White würde schließen, dass es einfach viel weniger Igel gibt. Hier in Norfolk sehe ich jedenfalls jetzt, wo die Jagdsaison vorüber ist, viele überfahrene Fasane, außerdem Kaninchen, Muntjaks und Dachse, aber keine Igel.

Es ist interessant, dass wir ein derart klares Bild von Igeln haben, obwohl es so selten vorkommt, dass wir einen sehen. Das haben wir unter anderem Beatrix Potter zu verdanken, aber auch den Freiwilligen, die Igel-Projekte an Schulen und in Gemeinden betreuen.

Stephanies Spezialität, die Fledermäuse, sind ebenfalls bedroht; die Bestände mancher Arten haben sich um 90 Prozent verringert. Sie sind schwerer zu vermarkten, weil sie nie von Beatrix Potter gezeichnet wurden, aber Stephanie zieht unverdrossen Parallelen: Wie Igel sind sie nachtaktiv, leben versteckt und sehen schlecht, und sie leiden ebenso unter dem Fluch der Pestizide, die ihre Beute dezimieren. Erde ist das Fundament allen Lebens.

Was Stephanie – und inzwischen auch mich – an Igeln fasziniert, ist ihre evolutionäre Überlebensfähigkeit. Sie spiegeln uns den Zustand unserer Welt.

»Igel sind ein großartiger Indikator, weil sie eine relativ alte Spezies sind«, erklärt Stephanie. (Ungefähr 50 Millionen Jahre sind im Naturhistorischen Museum »relativ«.) »Sie zeigen an, ob die Umwelt intakt und die Landschaft gut vernetzt ist.«

Wir können igelfreundliche Landschaften entwerfen, mit Gemüsegärten und Teichen und Gebüsch. Aber funktioniert das? Ich habe all das getan und konnte meinen Igel dennoch nicht beschützen.

Der triumphale Sieger der Evolution muss jetzt das Zeitalter des Anthropozäns überstehen. Und die Dachse, die unter gesetzlichem Schutz stehen.

Entscheidend, sagt Stephanie, sei die Frage, ob und wie sich Igel an den Klimawandel anpassen würden. Wird sich ihr charakteristischer Winterschlaf verändern? Werden sie länger wach bleiben oder in wärmeren, feuchteren Wintern gar keine Ruhepause mehr einlegen? Neuseeland ist ein interessanter Testfall. Auf der Nordinsel halten Igel keinen Winterschlaf, weil es immer etwas zu fressen gibt, auf der Südinsel dagegen schon. Verursachen solche drastischen Veränderungen im Metabolismus physiologische Schäden?

Das Gewicht der Igel, das Emma und all die anderen Freiwilligen in den Igel-Kliniken so genau überwachen, wird ein Thema. Sollten die Tiere vor dem Winter noch Fett ansetzen oder nicht? Haben sie, wenn es länger warm bleibt, Zeit für einen zweiten oder dritten Wurf? Und wenn ja: Kommen dann schwächere Jungtiere auf die Welt? Die neuen Herausforderungen für diese Art müssen näher untersucht werden, und Stephanie sucht händeringend nach Forschungsgeldern, um das zu tun.

Neben dem Klima sind Raubtiere das größte Risiko für diese Spezies; sie bestehen zu ungefähr gleichen Teilen aus Dachsen und menschlichen Rennsäuen.

Auf meine empörte Frage, warum Dachse Igel angreifen würden, gibt Stephanie eine pragmatische Antwort: »Weil sie es können. Da spaziert ein leckerer Brocken Protein ganz langsam vor ihrer Nase vorbei. Der Erfolg der Dachse, deren Population wächst, hat Auswirkungen auf eine Art, die in Schwierigkeiten steckt.«

Aufgrund seines einzelgängerischen Naturells ist der Igel durch Dachse gefährdet – allerdings wäre er in Gruppen wohl kaum weniger verwundbar.

»Sich zu versammeln, hat keinerlei Vorteile; es ist besser, sich in der Landschaft zu verteilen, damit man schwerer zu finden ist«, rät Stephanie.

Als wollte sie mich an mögliche Wendungen des Schicksals erinnern, schüttet Stephanie einige Beinskelettteile aus einem Glas. Sie möchte mir zeigen, dass die eigentlichen Beinknochen ziemlich lang sind; normalerweise ist das nicht zu sehen, weil Igel sich ducken.

Von den beiden am häufigsten gestellten Fragen über Igel haben wir nur die unerfreuliche behandelt: ihr Verhältnis zu Dachsen, auf das ich noch zurückkommen werde. Die lustigere Frage bezieht sich auf ihre Paarungsgewohnheiten. Nur selten zu beobachten, aber unvergesslich.

Wie paaren sich Igel? Es hat sich gezeigt, dass die Dame ihren Rock lüpft. Das beste Werk dazu ist wahrscheinlich das von Terry Pratchett inspirierte »Igel-Lied« – der Song, der glücklicherweise nicht in der Radiosendung mit dem ehemaligen Erzbischof von Canterbury gespielt wurde:

Das Igel-Lied

Animalisches macht einen viehischen Spaß,
Das Säuische kommt vielen Tieren zupass,
Doch weil ihn niemand belästigen kann,
Ist der Igel in jedem Fall besser dran!

Wenn du dich ihm näherst, ergeht es dir schlecht,
Er sticht aufs Gemeinste ins zarte Gemächt.
Drum lass ihn in Frieden, und merk dir fortan:
Der Igel ist in jedem Fall besser dran!

Und so geht es weiter. Der Verkehr mit Igeln ist für Menschen keinesfalls empfehlenswert, zwischen Artgenossen allerdings ist er erstaunlich anzusehen. Und anzuhören.

Stephanie faltet die Hände, als sie daran zurückdenkt: »Ich habe schon einige Igel bei der Paarung überrascht, und – wow! – die machen vielleicht einen Krach! Das letzte Mal wollte ich eigentlich Fledermäuse beobachten. Ich stand im Garten, und es wurde gerade dunkel. Plötzlich fingen hinter mir zwei Igel an, sich zu paaren. Die Laute sind echt witzig und total seltsam, wie eine Dampflok, in einem ziemlichen Tonspektrum. Ich glaube, sie stammen vom Weibchen.«

Manche Menschen, wie der Politiker Zac Goldsmith, der den Igel zum Symbol von Großbritannien nach dem Brexit machen wollte, spielen die Tatsache herunter, dass es sich bei unseren Igeln um die europäische Art handelt, *Erinaceus europaeus*, die über eine Landbrücke auf die Britischen Inseln kam, als die Eiszeit gerade zu Ende ging und der Meeresspiegel allmählich anstieg. Ein uraltes Lebewesen, das in der Abenddämmerung zum Leben erwacht.

Aus diesem Grund ist das abendliche Zwielicht Stephanies Lieblingszeit. Sie beschreibt es als einen Schichtwechsel, jenen Moment, in dem die Vögel aufhören zu singen und »man an einer bestimmten Stelle auf der Wange den Temperaturwechsel spürt«. Während dieser kleinen Ruhepause, in der alles still wird und die Tagschicht zu Bett geht, mag man zwar vielleicht noch vereinzelt Gänse sehen, aber alles ist anders. Unter der Hecke hört man ein leises Rascheln. Die erste Fledermaus taucht auf, um nachzusehen, ob die Sperber in ihre Horste zurückgekehrt sind. Und dann, kurz darauf, hört man vielleicht ein schwaches Schnaufen. Frau Tiggy-Wiggel.

Wenn mit der Welt alles in Ordnung ist, folgt auf das Geraschel aus der Hecke das Knacken von trockenem

Laub. Jedenfalls in einem Garten voller Wildäpfel und Birnen und Zwetschgen, mit unterschiedlichen Lebensräumen, feuchter Erde für Regenwürmer und Teichen für Nacktschnecken. Und – hoffentlich – ohne die neue Mode nächtlicher Mähroboter.

Wir scheinen auf die Weisheit der Igel und Isaiah Berlin zurückzukommen. »Was ist die eine große Sache«, frage ich Stephanie, »die der Igel weiß?« Stephanie ist der Wissenschaft zu treu ergeben, um Igeln fantastische Weisheit zuzuschreiben.

»Mit Igeln ist nicht viel los«, antwortet sie. »Ihr Gehirn ist im Verhältnis zum Körper seltsam proportioniert; im Vergleich zu anderen Insektenfressern wie zum Beispiel Spitzmäusen ist es viel kleiner.«

»Also sind sie gar nicht so klug?«, frage ich bestürzt.

»Sie sind sehr gut darin, Igel zu sein. Viel besser als ich. Aber vielleicht nicht so gut im abstrakten Denken.«

6

Peggy wird freigelassen

Bei einem diplomatischen Abendessen im Athenaeum Club an der Londoner Pall Mall diskutiere ich über die Ukraine-Krise. Ein ehemaliger NATO-Generalsekretär spricht über die heikle Balance zwischen Stärke und Diplomatie und die Bedeutung einer geeinten Front.

Mein Telefon piept: eine Nachricht. Sie bezieht sich auf das inoffizielle Symbol der NATO. Emma meldet, dass Peggy, unser kranker Igel, wieder ausgewildert werden könne. Das solle morgen Abend geschehen; ich könne sie in einer Kiste abholen. »Habt ihr ein Igel-Haus, wo ihr sie freilassen könnt, oder einen schönen großen Holzstapel?«

Unter dem Tisch schreibe ich vorsichtig zurück, dass es morgen schwierig sei. Ich hätte lauter Termine – ob wir nicht bis zum Wochenende warten könnten? Die Antwort kommt sofort: »Oh nein! Werde Temperaturen checken. Morgen ideales Zeitfenster, zwei Tage Zeit zum Einleben.«

Ideale Überlebensbedingungen kann man nicht wegdiskutieren. Ich sage meine Termine ab und fahre am nächsten Morgen nach Norfolk. Zum Glück weiß ich noch, dass mein jüngerer Sohn uns ein hübsches, moosüberzogenes Igel-Haus geschenkt hat, das wir neben den Buchen an der Weißdornhecke versteckt haben. Ich kann es kaum abwarten, Emma davon zu erzählen, der ich eine Freude machen möchte.

Der Wetterdienst hat zwei Gewitter vorhergesagt, und über die Hügel von Norfolk senken sich dunkle Wolken herab. Die Lastwagen auf der M11 treiben Wasserwogen über die Straße. Die Autos sehen aus, als führen sie über eine Eisfläche. Der Flusslauf des Wissey schwappt über Schilf- und Riedgrasflächen und bildet Tümpel auf den Feldern. Die Nebenstraßen stehen unter Wasser. Fontänen knallen auf die Windschutzscheibe. Für die Zehnjährigen in uns allen ein sehr befriedigender Vorgang.

Ich halte an, um Trockenfutter für Katzen zu kaufen, und mustere mit gerunzelter Stirn die Auswahl und Verpackungen. Und dann bin ich daheim und mache das Igel-Haus für seine Bewohnerin sauber. Es ist so elegant und robust, dass ich nicht verstehe, warum es so lange leer gestanden hat. Ich schicke Emma ein Foto mit der Unterschrift: »Peggys Haus ist fertig!«

Ihre Antwort klingt zweifelnd. »Ist das Haus innen mit Draht verstärkt? Tut mir leid, aber dann taugt es nichts, weil sie sich mit den Füßen darin verfangen. Hast du auch eins aus Holz? Oder ihr baut einfach eins aus Holz.«

Nach mehreren Versuchen schaffe ich es, eine Höhle aus Zweigen und Laub zu bauen, und meine Laune bessert sich, als Emma Zustimmung signalisiert. Ich nehme mir vor, eher an die Art als an das Individuum zu denken, aber die Wahrheit ist: Peggy kommt nach Hause.

Das Haus meiner Eltern steht inzwischen leer. Ihre Haushälterin Kate kommt immer noch einmal pro Woche vorbei. Die Betten sind gemacht; wenn die beiden jetzt wieder durch die Haustür träten, wäre alles bereit. Aber sie leben in einer Zwischenwelt, ohne klare Zukunft und weit weg vom geliebten Krempel ihrer Vergangenheit. Ich bin hin- und hergerissen: Einerseits möchte ich ihre Zimmer im Pflegeheim gern wohnlicher herrichten, andererseits möchte ich nicht den Eindruck erwecken, das Heim sei ihr neues Zuhause.

Im Zimmer meines Vaters ersetze ich ein Standard-Rosenbild durch das einer Schleiereule. Ich weiß nicht, ob er es bemerkt, aber es wird all diejenigen, die kommen und gehen, an ihn erinnern. Ein paar andere Veränderungen wie Teppiche und Kissen habe ich auch ausprobiert. Aber auf dem Teppich rutschte er aus und fiel hin, und jetzt liegt stattdessen eine Gummimatte mit Alarmfunktion neben seinem Bett. Wenn ich ihn besuche, liegt er wach, aber bewegungslos in seinem Bett. Zu müde, um zu lesen, und an einem Ort, an dem ihn die Stimmen aus dem Radio nicht mehr erreichen können.

Als sein Freund, der Pfarrer Kit Chalcraft, meinte, dass er vielleicht gerne noch seinen geliebten Beethoven hören würde, suchten wir etwas noch Simpleres als ein Radio. Technologien, die für die Jugend selbstverständlich sind, können bei alten Menschen Wunder wirken. Mein Mann installiert das Stimmerkennungssystem Alexa, und dann liegt mein Vater in engelhafter Freude in seinem Bett und dirigiert Beethovens *Pastorale*. Außerdem habe ich Jugendfotos von meinem Vater und meiner Mutter mitgebracht. Jetzt leben die beiden ihr Eheversprechen – »in guten wie in schlechten Tagen«. Das Lied ihrer frühen Romanze war »Some Enchanted Evening« aus dem Musical *South Pacific*, und ich lasse Alexa es für sie heraufbeschwören. Sie blicken einander quer durch den leeren Raum in die Augen, im zärtlichen Wissen um ein zusammen verbrachtes Leben.

Wie immer fallen mir T. S. Eliots *Vier Quartette* ein:

Zeit Gegenwart und Zeit Vergangenheit
 Sind vielleicht beide in Zeit Zukunft gegenwärtig.
 Und Zeit Zukunft enthalten in Zeit Vergangenheit.

Wir sprechen nicht über die Zukunft, aber wir können sie erahnen. Wir warten sie einfach ab, und mein Vater tut das mit erstaunlicher Würde.

Ich stelle Katzenfutter und Wasser neben der neuen Luxus-Zweighöhle bereit und zerreiße ein paar sehr gute Seiten aus der *British Journalism Review* meines Mannes. Der einzige Karton mit Deckel, den ich finden kann, enthielt früher Coca-Cola-Dosen, was mir wie ein unguter Markenname für eine geschützte Art vorkommt, aber ich habe keine Zeit mehr, etwas anderes zu suchen. Um halb fünf mache ich mich auf den Weg nach King's Lynn, und als ich um halb sechs bei Emmas Igel-Hospital ankomme, wird es schon dunkel.

In der Auffahrt und an der Straße sind kreuz und quer

Autos geparkt, als wäre ein kaum bekannter Pub plötzlich entdeckt worden. Im Igel-Hospital geht es eher zu wie in der Notaufnahme. Heute Abend werden 31 Igel freigelassen, und Emma steht im Mittelpunkt des Trubels, das Haar zu einem seidenglänzenden purpurroten Pferdeschwanz gebunden.

Auf dem Boden stehen lange Reihen solider Transportboxen aus Plastik voller säuberlich geschredderter Seiten der *Daily Mail*. Ich versuche, die Coca-Cola-Schachtel hinter meinen Beinen zu verstecken. Eine schlanke Frau aus der typischen Altersgruppe der Igel-Freundinnen, die für Einlieferungen und Abholungen zuständig ist, erweist sich als Peggys Pflegemutter. Aber es hat irgendein Missverständnis gegeben, und sie hat Peggy nicht mitgebracht. »Ach, macht nichts«, sage ich und versuche, meine unerwartet tiefe Enttäuschung zu verbergen.

Emma bleibt hart. Peggy muss heute Abend freigelassen werden. Ich frage nur halb im Scherz, ob das mit dem Vollmond zu tun habe. Emma antwortet, die Temperatur sei genau richtig, ungefähr 12 °C, und Peggy habe genau das richtige Gewicht. Für die Freilassung sind 850 Gramm nötig, und sie wiegt 892. Noch längeres Warten würde Stress für sie bedeuten. Ich biete Wendy, der Pflegemutter, an, sie nach Hause zu begleiten und Peggy abzuholen. Sie wohnt in Hunstanton an der Küste von Norfolk, etwa 20 Kilometer vom Igel-Hospital entfernt.

Sie fährt mit ihrem neuen Igel Anna Maria los, und ich folge ihr. Wir kommen am Queen Elizabeth Hospital vorbei, aus dem ich vor fünf Monaten meinen Vater abgeholt habe. Jetzt haben wir März 2022, und als wir Schloss Sandringham passieren, höre ich im Radio, dass Prinz Andrew sich mit der Amerikanerin geeinigt hat, die ihn des sexuellen Missbrauchs bezichtigt. Die Königin ist bestimmt erleichtert. Bei Igeln muss man sich wenigstens nur um Maden sorgen.

Wir kommen bei Wendy an, und zwei Collies springen an der Haustür hoch. Sie und die Igel haben gelernt, miteinander auszukommen.

Gleich hinter dem Haus stehen die geräumigen hölzernen Igel-Käfige. Wendy öffnet die Tür zu einem Haufen aus Heu und Zeitungspapier. Sie bietet mir Gummihandschuhe an, und ich taste herum, bis ich eine kräftige Kugel aus Stacheln finde. Als Dicksein noch keine Schande war, hätte die Schlagzeile zu Peggys Heimkommen gelautet: »Pfundiges Kerlchen kehrt zurück«.

Ich hebe sie heraus, und Wendy versucht, ein Foto für Emma zu machen. Aber ich kann weder Gesicht noch Gliedmaßen sehen; die Kugel ist komplett geschlossen. Wendy schlägt vor, ich solle sie ein wenig bewegen, und ich spüre ihre warme, aktive Schwere. Aber sie scheint kein Gesicht zu haben. Dann sagt Wendy, ich solle sie umdrehen. Ich lasse sie umgekehrt in die Coca-Cola-Schachtel gleiten, und tatsächlich: Da sind die feuchte, dunkle Schnauze und eine gepolsterte Pfote, in die Luft gereckt wie ein königliches Winken. Ich rufe etwas, weiß aber nicht so recht, wie ich mich ausdrücken soll. Wendy und ich wissen, dass wir die Igel nicht wie Haustiere behandeln dürfen; Kommentare zu ihrer Niedlichkeit oder anderen menschenähnlichen Eigenschaften sind also unangebracht. Beispielsweise sollte ich nicht laut sagen, dass Peggy aussieht, als könnte sie eine Tasse Tee auf ihrem stattlichen Bauch balancieren.

Ebenso wenig darf ich fragen, ob Wendy sie nach ihren gemeinsamen Monaten vermissen wird. Freundschaften zwischen Menschen und Igeln sind nicht gestattet.

Also winke ich zum Abschied nur, was Peggy auf ihre Weise ebenfalls tut. Ich stelle den Karton auf den Beifahrersitz, und wir fahren nach Hause, ich würde sagen: in einträchtiger Stille. Aus dem Karton dringt kein Laut. Wenn die Igel-Dame ein Haustier wäre, würde ich mit ihr sprechen, um sie zu beruhigen. Ich würde ihr erzählen, warum wir auf dieser mondbeschienenen Straße nach Einbruch der Nacht unterwegs sind. Ich würde ihr die Lichter in den Dorfhäusern zeigen, deren Küchen und Fernseher behaglich strahlen, ganz im Gegensatz zur regnerischen Dunkelheit draußen. Ich würde versuchen, die emotionale Anziehungskraft eines Zuhauses zu erklären. Gerettete Igel kehren in die Umgebung zurück, aus der sie stammen, aber dabei handelt es sich um Gärten, nicht um Häuser. Und auch wenn ich Peggy vor Pestiziden oder Rasenmähern oder (wie ich zu meiner Schande gelernt habe) Teichnetzen beschützen kann, gibt es doch keine Garantie gegen Füchse und Dachse oder den Schock der Beinahe-Wildnis.

Auf der Landstraße zu unserem Haus schalte ich das Fernlicht ein, um sicherzugehen, dass nichts auf der Straße ist. Es wäre nicht ohne Ironie, einen Igel zu retten, um dann einen anderen zu überfahren. Ich sehe einen Hasen und ein paar Feldmäuse. Am häufigsten werden in Norfolk Fasane überfahren; sie überleben die Jagdsaison nur, um sich danach sorglos auf der Straße herumzutreiben.

Wir biegen in unsere Auffahrt ein. Ich stelle den Motor ab und schaue Peggy an, die kurzsichtig aus ihrer Kiste blinzelt. Das war's. Ich ziehe die Gummihandschuhe aus dem Pflegeheim an, trage den Karton zu der Höhle neben der Hecke und lasse Peggy herausgleiten.

Es ist so dunkel, dass ich sie nicht beobachten kann, ohne ihr mit der Taschenlampe ins Gesicht zu leuchten. Also lasse ich sie allein.

An diesem Abend zelebriere ich luxuriöse Häuslichkeit. Ich nehme ein üppiges Bad, schlüpfe in frische Bettwäsche aus ägyptischer Baumwolle und stelle mein Telefon leise. Vor dem Einschlafen schaue ich hinaus in die Dunkelheit, auf die Silhouetten von Bäumen und den hoch am Himmel stehenden, von Nebel verschleierten Mond. Und denke daran, dass Wildnis Freiheit bedeutet.

Das Sturmtief Dudley peitscht den Wind hoch und lässt die Fenster klappern und scheppern. Der Mond wirft durch den Vorhangspalt einen Scheinwerferstrahl in mein Schlafzimmer. Ich grüble unruhig über Peggy nach, die da draußen im Dunkeln ist. Fühlt sie sich in ihrer Höhle aus Zweigen zu Hause? Wird sie wieder weiterziehen? Ich denke an die feuchten Buchenblätter, an die sich immer weiter ausbreitenden Winterlinge und Schneeglöckchen und an die nahe Weißdornhecke. Es ist die igelfreundlichste Umgebung, die ich mir vorstellen kann. In den frühen Morgenstunden ertönt der Ruf eines Waldkauzes, und ich schaue wieder aus dem Fenster. Ich überlege, ob ich mit einer Taschenlampe hinausgehen soll, um nachzusehen, aber dann stelle ich mir vor, wie empört Emma wäre, wenn ich einem wilden Säugetier, das zum ersten Mal seit Monaten Freiheit erlebt, ins Gesicht leuchten würde.

Ich gehe wieder ins Bett und schiebe meine Gedanken über das Universum, die Schöpfung und die Philosophie zugunsten von To-do-Listen menschlicher Größenordnungen beiseite. Wenige Stunden nachdem ich eingedöst bin, werde ich von Gewummer und Schritten von draußen geweckt. Halb im Traum frage ich mich, ob jemand hinter Peggy her ist. Ich schaue aus dem Fenster, im sicheren Gefühl, ein Auto gehört zu haben, sehe aber keines. Auf der Landstraße sind Scheinwerfer zu sehen, und ich beschließe achselzuckend, es müssten die Sturmgeräusche gewesen sein. Doch nein – zweifelsfrei höre ich weiteres Geschrei und Schritte, erst auf dem Kies draußen, dann im Haus. Ich erstarre. Sollte ich die Konfrontation suchen oder mich verstecken? Die Uhr zeigt 4.50 Uhr, eine seltsame Zeit für Einbrecher. Angeblich gibt es in unserem Haus ein Gespenst, eine Nonne namens Schwester Barbara, die lebendig eingemauert worden sein soll, weil sie sich mit Straßenräubern eingelassen hatte. Aber das ist nicht die Stimme einer Nonne. Es ist eine männliche Stimme, und die Schritte kommen die Treppe herauf.

Ich drehe im gleichen Moment den Türgriff wie der Eindringling, und er steht direkt vor mir. Es ist mein älterer Bruder. »Du bist nicht ans Telefon gegangen«, sagt er. »Und das Fenster unten stand offen. Dad ist heute Nacht gestorben.«

Natürlich trinken wir erst einmal Tee. Dann ziehe ich mich an, steige ins Auto, schalte die Scheinwerfer ein und rolle die Einfahrt hinunter. Igeln mag die Dunkelheit vertraut sein, aber für uns andere spricht sie von Tumult, von Geburt oder Tod.

Die Nachtlichter des Pflegeheims wirken auf ruhige Weise endgültig. Die diensthabende Pflegerin, Nadine, die mein Vater sehr gern mochte, öffnet die Tür, umarmt mich, führt mich den stillen Korridor entlang und schließt die Zimmertür auf. Mein Vater liegt auf der Seite, das fedrige weiße Haar ans Kissen gedrückt, die Gesichtszüge wie gemeißelt, mit blasser Haut und kalter Stirn. Trotzdem kann ich seine Hand noch nehmen und drücken. Noch nicht starr, noch nicht verschwunden. Das Fenster steht offen, damit seine Seele hinausfliegen kann.

An seinem Bett liegt ein Gebetbuch, aufgeschlagen bei Augustinus' »Nachtgebet«. Ohne zu wissen, wie passend der Zeitpunkt war, hatte ihn sein Freund, der Pfarrer, am Tag zuvor besucht und mit ihm über dieses Gebet diskutiert, das er ihm abends vorgelesen hatte. Der Schlaf ist darin eine Metapher für den Tod.

> Wache du, Herr, mit denen, die wachen oder weinen in dieser Nacht. Hüte deine Kranken, lass deine Müden ruhen, segne deine Sterbenden, tröste deine Leidenden. Erbarme dich deiner Betrübten und sei mit deinen Fröhlichen.
> Amen.

In der Schublade seines Nachtschränkchens liegt das Notizbuch meines Vaters, voller hingekritzelter Gedanken, zu Papier gebracht vor einigen Monaten, als er dem Schreiben noch gewachsen war. Seine Furcht vor »dem Ende«, seine Zweifel an einem »Leben nach dem Tod«. Die Schrift wirkt hastig und ist voller Fragezeichen. Aber der letzte Satz besteht nur aus einem Wort: »Nachtgebet«. Vielleicht ist er eine Antwort. Wie Rowan Williams es ausdrückte: Akzeptanz ist eine Form des Glaubens.

Die Pflegerinnen sind still wie Nonnen. Sie schließen die

Tür hinter sich, als sie ihn waschen und anziehen, ihm ein kariertes Hemd aussuchen, seine Uhr abnehmen, die er immer getragen hat, und das alles mit ruhiger Würde, in zeremonieller Anteilnahme.

Ich führe meine Mutter an sein Bett, damit sie sich verabschieden kann; Polizei und Notarzt sitzen im Schwesternzimmer und füllen ihre Formulare aus, stumm und respektvoll. Dann kommt die Bahre ins Zimmer, und mein Vater wird hinausgetragen, mit einem kastanienbraunen Tuch bedeckt. Ich folge dem Bestatter mit meiner Schwester und sehe, dass die Pflegerinnen im Korridor und im Empfangsbereich eine Ehrengarde gebildet haben. Als sein Körper in den Leichenwagen geschoben wird, zieht ein Schwarm Krähen über den Himmel. Ja, mein Vater hatte etwas vom heiligen Franziskus.

Meine Mutter hat einen Brandy bekommen und ruht sich aus, deshalb fahre ich nach Hause, um zu duschen. Als ich zwischen den Blättern und Zweigen nachschaue, kann ich den Igel nicht entdecken. Ich gehe um die Umrandung aus aufgetürmtem Laub herum, suche am Holzstapel, an Baumstümpfen und zwischen den Brombeeren und im Kompost. Ich suche, suche, suche. Kein Igel. Die Schälchen mit Wasser und Katzenfutter sind unberührt. Dann halte ich nach Anzeichen von Dachsen Ausschau und mustere misstrauisch den Fasan, der über den Rasen stolziert. Ich schaue hinüber zu den Pferden auf der Wiese nebenan. Was wissen sie? Flügelschläge und ein Chor von Krähen ertönen aus den Kronen der Linden.

Endlich kam der Frühling. Der erste warme Tag des Jahres, mit einer silbrigen Südwestbrise, war der Tag der Beerdigung meines Vaters.

Dad hatte mehr Anweisungen für sein Begräbnis hinterlassen, als ich anfangs gedacht hatte; mein Bruder stellte einen Ablauf für den Gottesdienst zusammen, zu dem das Kirchenlied »To be a Pilgrim« und zum Abschluss die Ballade »Follow the Heron« gehörten: »Folge dem Reiher ...« Zu ihren Klängen sollte der schlichte Eichensarg, dekoriert mit Lilien und Eibe, von den Enkeln hinausgetragen werden.

Mein Bruder reichte mir eine Textpassage, in der unser Vater den Aufbruch der Kurzschnabelgänse beschrieben hatte, die Ende Februar nach Island zurückkehrten. Ich sollte sie zu Musik von Jean Sibelius, dem »Schwanenthema«, verlesen. Die Passage lautete:

Ich fuhr weiter nach Titchwell. Zumindest würde ich mich dort an einem Schwarm wunderhübscher Goldregenpfeifer erfreuen können. Aber als ich auf dem Parkplatz anhielt, war der Lärm der Kurzschnabelgänse ohrenbetäubend. Lange bevor ich sie sehen konnte, laut wie Filmmusik im Kino, überall um mich herum und ganz nah!
Mehrere Tausend Vögel waren schon da, auf der Wiese zwischen Küstenweg und Dorf. Ich hatte nie zuvor dieses aufgeregte Geschnatter gehört, nicht hier.
Manchmal sammeln sie sich vor der Südseite der Kirche, und dann, wenn sie bereit sind, starten sie alle gleichzeitig, mit einem einzigen großen Flügelrauschen: zwanzigtausend oder mehr Vögel nehmen als dunkle Wolke Kurs auf Holkham, fünfzehn Kilometer entfernt.

Aber heute Abend konnte man die Aufregung, die Nervosität und die Spannung des Schwarms sehen. Alle paar Minuten stieg ein Vogel auf, und die übrigen folgten, rings um die Felder und den Hügel südlich von Titchwell und zurück zur Wiese neben der Old Field Farm. Nicht um auszuruhen oder zu fressen, sondern um bald, sehr bald, in wenigen Stunden, aufzubrechen in ihr isländisches Paradies, in die Sonne und außer Sicht, jenseits des Horizonts.
Welcher Instinkt diese wunderschönen Vögel auch immer dazu treibt, sich in die Lüfte zu erheben und mit MÄCHTIGEN Flügelschlägen erst die Nordsee und dann den Atlantik in Richtung unbekannter Gefilde zu überqueren, er trieb sie an jenem Tag in einen Rausch der Erregung. Und ich spürte ihn ebenfalls.

Die entscheidende Lektion für Begräbnislesungen lautet: so lange üben, bis die Wörter sich verhärten und nicht mehr die Kraft haben, uns den Hals zuzuschnüren.

Mein Bruder hatte als ehemaliger Chorknabe der Kathedrale von Canterbury viel Erfahrung mit Beerdigungen; er wusste alles über unbegleiteten Gesang und das Arrangieren von Kirchenliedern: Liturgie und Musik umhüllen den Tod mit zeremoniellem Balsam. Begräbnisse verlangen ebenso viel Aufmerksamkeit wie Hochzeiten, aber die Vorbereitungen müssen innerhalb weniger Wochen in dumpfem Kummer stattfinden, sodass wir oft zu hastig vorgehen. Royals und Roma wissen um den Wert eines richtigen Abschieds.

Passenderweise war unsere Gottesgabe Pfarrer Kit Chalcraft, der nicht nur ein Freund meines Vaters war, sondern auch der Bootsmann, der ihn auf die andere Seite ruderte. Er hielt am Vorabend eine Totenwache ab und saß unerschütterlich neben dem Sarg. Begräbnismusik lässt sich nicht aussuchen wie Musik für die einsame Insel; der Kanon der Musikgeschichte ist zu reichhaltig. Mein Bruder wählte Musik aus, die während der Nacht, beim Gottesdienst und zuletzt bei der Einäscherung gespielt werden sollte. Wir senkten in der Sakristei, wo der Sarg stand, den Kopf und hörten Brahms' *Deutsches Requiem*.

Nach dem Trauergottesdienst, in der bürgerlichen Kargheit des Krematoriums, wurden die Vorhänge um den Sarg zu den klaren, fast fröhlichen Tönen von Schuberts *Forellenquintett* zugezogen. Feuer und Wasser.

Am Abend, als alle Gäste gegangen waren, ging mein Enkel Billy zur Haustür und schaute suchend hinaus, über den Rasen zu Wäldern und Fluss. Er rief: »Gute Nacht, Noel!«, und kam wieder herein.

7

*Igel-Gemeinden –
Kirtlington und Shropshire*

An einem knackig klaren Morgen im zeitigen Frühjahr fahre ich nach Shropshire, um die Igel-Lady von Little Wenlock kennenzulernen. Allmählich weiß ich Igel-Gegenden zu schätzen, und dieses Aktivistendorf am Rande der Shropshire Hills bietet ideale Bedingungen. »Die Wildnis ist reich an Freiheiten«, schrieb der Dichter William Wordsworth. Igel mögen enge Orte am Rand von weiten Freiflächen. »Don't fence me in« (»Zäun mich nicht ein«) heißt ein berühmter Cole-Porter-Song. Kein Wunder, dass Igel zu unserer Begeisterung für Cottage-Gärten und offene Wiesen dahinter passen. Igel operieren im menschlichen Maßstab, wenn auch seit prähistorischen Zeiten. Mir fällt die Tatsache ein, dass sie die Stirn runzeln, bevor sie sich zusammenrollen. Wenn man daran denkt, ist es nicht schwer, sich Igel in Häubchen und Schürze vorzustellen.

Die menschlichen Schnellstraßen M1 und M6 bringen mich aus den Industriegebieten in eine Landschaft mit hohen Hecken und gelblichen Steinmauern (hübsch, aber in der Igel-Welt ein Fluchthindernis). Ich habe mich mit Kathryn Jones im Dorfgemeinschaftshaus von Little Wenlock verabredet, aber dort findet gerade ein Tanzkurs statt, und die Gruppenleiterin teilt mir mit, es werde GEFILMT, also müssen wir weichen.

Wir finden stattdessen eine Buswartehäuschen, und im hindurchpfeifenden Wind zeigt Kathryn mir ihre Igel-Arbeit: Promotion mit Auszeichnung, Schulmappen, Broschüren für Gemeinden und künstlerische Grafiken von Igeln.

Sie ist 24 Jahre alt, liebt Wildtiere seit ihrer Kindheit, hat sich im Studium mit Igeln befasst und arbeitet jetzt als offizielle Igel-Beauftragte. Ihr offenes Gesicht mit den großen graublauen Augen wird von blond gesträhntem Haar umrahmt. Kathryn spricht im sanften Tonfall ihrer Heimatstadt Wolverhampton und trägt einen Rucksack mit Igel-Aufdruck, an dem ein Spielzeug-Igel baumelt.

Als sie sich um die Stelle beim Shropshire Wildlife Trust bewarb, sagte man ihr, das Einzige, was sie noch zusätzlich hätte bieten können, wäre ein Auftritt im Igel-Kostüm beim Bewerbungsgespräch gewesen. Wenn man sie längs durchschneiden würde (eine furchtbare, dachsartige Vorstellung), fände man ein Igelherz. Ihr Vater und ihr Bruder arbeiten bei der West-Midland-Eisenbahn, und ihre Schwester ist Tattoo-Künstlerin, aber Kathryn hat nie an ihrer Berufung gezweifelt. »Ich habe mich einfach in Igel verliebt«, sagt sie achselzuckend.

Ihr Einfluss auf Little Wenlock ist sichtbar. Vor dem Dorfgemeinschaftshaus hängt ein Schild am Telegrafenmast: »Achtung, langsame Igel! Bitte vorsichtig fahren, danke«. Die Igel-Lady von Little Wenlock hat einen Zehn-Punkte-Plan an die Dorfbevölkerung verteilt:

– Schlupflöcher zwischen Gärten schaffen.
– Wilde Zonen errichten.
– Igel im Winterschlaf nicht stören.
– Kontrollgang vor dem Mähen.
– Holzstapel schaffen.
– Keine Pestizide verwenden.
– Teiche absichern.
– Netze im Garten wegräumen. [Ich erröte beschämt.]
– Abfälle entsorgen.
– Igel-Sichtungen melden.

Kathryns Job ist für sie eher eine Mission. Sie versucht zu erklären, mit welchen Teilen dieser Mission sie Geld verdient. Bezahlt wird sie beispielsweise für Besuche in Grundschulen, bei denen sie den Kindern zeigt, wie man Ton-Igel knetet und Häuser aus Moos und Stöcken baut. Die meisten der Kinder haben noch nie einen lebenden Igel gesehen; sie kennen sie nur aus Beschreibungen der älteren Generation. Bei ihren Rundgängen durch New Wenlock zählt Kathryn die überfahrenen Tiere. »Auf der Straße vor der Kirche findet man immer wieder welche, dort fahren die Autos zu schnell vorbei«, erzählt sie. Hausbesuche sind meist erfreulicher. An den stillen, sauberen Straßen stehen Mülltonnen mit Aufklebern: »Vorsicht, Igel! Bitte langsam fahren«.

Wir biegen in die Auffahrt eines Rentnerpaars ein, dessen Grundstück in Kathryns Augen ideal für Igel ist. Die beiden sind nicht zu Hause, aber sie haben Indizien hinterlassen. Als ich durchs Wohnzimmerfenster spähe, sehe ich ein fast fertiges 1000-Teile-Puzzle mit einer Schleiereule. Im Gartenhaus steht ein Zeichentisch mit Aquarellen von Beatrix-Potter-Figuren, Pilzen und Vögeln. Die Menschen, die hier leben, halten sich an Gilbert Whites Empfehlung des genauen Beobachtens.

Der ungefähr 2000 Quadratmeter große Garten ist beispielhaft: schmale Wege, kleine Teiche mit Ausstiegsrampen, Farnbestände, Gemüsebeete, Holzstapel, wilde Ecken und mindestens zwei Winterschlafhäuser mit runden Eingangsbögen aus Holz und Dächern aus Steinen. Wenn man einmal ein igelfreundliches Umfeld wie dieses gesehen hat, wird einem bewusst, wie zugepflastert, steril und gleichgültig die meisten Neubauten sind.

Die Igel-Lady sagt, sie werde ihre Patrouillen und Predigten fortsetzen, in der Hoffnung, dass mehr Menschen ihre Herzen und Gärten öffnen. »In den letzten fünfzig Jahren ist die Zahl der Igel in Großbritannien von über 30 Millionen auf weniger als eine Million gesunken. Sie sterben schneller aus als die Tiger dieser Welt.« Einen Augenblick lang ist sie entmutigt. »Ich tue mein Bestes, aber letztlich müssen junge Menschen die Igel retten.« Und das nach weniger als zehn Jahren des Erwachsenseins.

Zwei Tage danach entdecke ich eine gute Nachricht in der Zeitung. Wir stehen zwar am Rande eines Krieges mit Russland, aber auf Seite 9 meldet die *Times*, dass der Igel, das NATO-Symbol, gute Chancen auf einen neuen Status habe. Die britische Regierung plant bessere Schutzmaßnahmen für Wildtiere. Der Artikel ist mit Fotos von einem Eichhörnchen und einem Igel bebildert. Das Ziel der Regierung ist es, den Artenschwund bis 2030 zu beenden. Im Artikel heißt es, die britische Igelpopulation habe sich seit dem Jahr 2000 um mehr als die Hälfte verringert. Ich nehme mir vor, bei der BBC-Radiosendung *More or Less*, die sich mit Statistiken befasst, den Wahrheitsgehalt dieser Zahlen zu überprüfen, aber erst einmal überbringe ich Kathryn die Neuigkeiten. Sie antwortet: »Das sind tolle Nachrichten!«, und schickt mir zur Feier des Tages Videos, die mit einer Nachtkamera aufgenommen wurden: zwei Igel, die sich paaren wie Dampflokomotiven, und ein Fuchs, der seine Nase gegen einen Igel drückt und dann flieht.

Verblüffend viele Jugendliche engagieren sich für Igel. Im Internet finde ich zwei 13-jährige Schülerinnen namens Kyra Barboutis und Sophie Smith, die eine Kampagne gestartet haben, mit der sie ihre Wohngegend in Stratford-upon-Avon in einen igelfreundlichen Stadtteil verwandeln wollen. Die beiden haben gegen Netze über Bäumen und Hecken gekämpft und das Bauunternehmen Taylor Wimpey zur Verantwortung gezogen, das die Netze nach einem Gespräch mit den Mädchen entfernte. Diese Greta Thunbergs der Biodiversität können ihre Anhängerschaft in den sozialen Medien dafür nutzen, Politik zu verändern. Wenn ein Großunternehmen wie Taylor Wimpey angesichts von Videos in den sozialen Medien zurückrudert, müssen Regierungen als Nächstes dran sein.

Außerdem teste ich meine Theorie, dass Menschen, die sich um Igel kümmern, gutmütig und gut gelaunt sind. Ein paar Wochen nach meinem Treffen mit Kathryn Jones besuche ich den Surrey Wildlife Trust, eine lokale Naturschutzorganisation, und insbesondere die Igel-Schützerin Elizabeth Foster. Nach einem Treffen am Vorabend, das im Gemeindesaal von Riverhead bei Sevenoaks stattfand, weil ihr Bezirk von Surrey bis nach Kent reicht, holt sie gerade Büroarbeit nach. Ich kenne Riverhead aus meiner Zeit als Reporterin für die Lokalzeitung *Sevenoaks Chronicle*. Damals fuhr ich mit meinem klapprigen grünen Kastenwagen zu Polizei- und Feuerwehreinsätzen, Kirchenratstreffen, Blumenausstellungen und goldenen Hochzeiten. Sagen wir mal: Es war keine üble Gegend. Es gab einen spektakulären Mord, der die Londoner Journalisten mit ihren fetten Spesenkonten in unseren Pub lockte, wo sie mich nach meinen Kontakten ausfragten. Und es gab immer wieder Massenkarambolagen wegen des Nebels auf der M20. Ansonsten war mein Stenoblock voll mit getreuen Abschriften von Bauanträgen für Wintergärten.

Ich wäre gerne mit meinem Notizblock bei Lizzies Treffen zur Igel-Infrastruktur in Riverhead und Umgebung dabei gewesen. Sie erzählt mir, dass ungefähr dreißig »ältere« Menschen im Publikum gesessen hätten. Etwa die Hälfte von ihnen hatte Igel beobachtet. Die andere Hälfte nicht, aber sie erinnerten sich daran, früher, als jüngere Leute, welche gesehen zu haben.

Auf ihrem Zoom-Foto hat Lizzie einen lebhaften Blick und hält eine Tasse mit der Aufschrift »*Beware, hedgehog crazy lady*« in die Kamera. Mir kommt sie gar nicht so igelverrückt vor, dass man sich vor ihr in Acht nehmen müsste, nur verblüffend zufrieden. Mit 28 Jahren hat sie entdeckt, dass das Zusammensein mit Igeln – und ihrer zweiten großen Liebe, den Fledermäusen – sie in Einklang mit der Welt bringt. Sie wird der Igel niemals überdrüssig: sie zu entdecken, zu retten, zu wiegen. Nach wie vor findet sie die Tiere »charismatisch« und individuell. Es gebe noch so viel über sie herauszufinden. Beispielsweise habe ihr jemand, so erzählt sie, ein Video aus der Nachbarschaft geschickt, auf dem ein Igel an einer Futterstation einen anderen aus dem Weg boxe. »Solches Verhalten habe ich noch nie gesehen«, sagt sie.

Sie ist so neugierig und freundlich, dass ich mit meinen Ängsten um Peggy herausplatze, den Igel, den ich freigelassen und anscheinend verloren habe. Was könnte ihr Lizzies Meinung nach zugestoßen sein?

»Dass man sie nicht sieht, heißt nicht, dass sie nicht da ist«, sagt sie – eine tröstliche Möglichkeit, die ich mir auch schon vor Augen gehalten habe.

Dann fügt Lizzie hinzu: »Vergessen Sie nicht, dass Igel über drei Kilometer weit wandern können; vielleicht hat sie eine Straße entdeckt.«

Mir wird wieder schwer ums Herz.

Der Igelbestand in East Anglia ist gefährlich niedrig, und ich habe ihn nicht gerade gemehrt. Große offene Felder, wenig Hecken, Pestizide.

Aber in Surrey sieht es besser aus. Lizzie erzählt, die Landschaft sei reizvoller, mit kleinen Bauernhöfen, Wäldern und einer gut informierten menschlichen Bevölkerung, die verstanden habe, dass jeder Garten ein Schlupfloch brauche. Die Gegend ist vernetzt, und so steigt die Zahl der Igel wieder an.

Lizzie hat die älteren und jüngeren Erwachsenen auf ihrer Seite, befürchtet aber, die Teenager an Bildschirmmedien zu verlieren. Sie interessieren sich weniger für die Natur. Wenn sie mit ihnen über Igel spricht, fällt ihnen als Erstes die Computerspielfigur *Sonic the Hedgehog* ein.

Nach Lizzies Ansicht hätte die Epidemie psychischer Erkrankungen, die im Lockdown über die Jugendlichen hereinbrach, durch eine stärkere Verbindung zur Natur abgemildert werden können. Sie hat ein Cottage auf einem Bauernhofgelände gemietet, das alles bietet, was sie – und ein Igel – braucht. Holzstapel, einen Teich, einen Komposthaufen. Sie sagt, die Schmetterlinge hätten sie durch den Lockdown gebracht. Und das schlichte Ein- und Ausatmen frischer Luft.

Jetzt naht der Frühling. Der Morgenchor der Vögel wird überschwänglicher, der Tagesrhythmus ausgeprägter. Ich wünschte, mein Vater könnte die Narzissen blühen sehen, aber vielleicht kann er das ja. Dass ich ihn nicht sehen kann, bedeutet nicht unbedingt, dass er nicht da ist.

Lizzies Beobachtung, dass Igel in durchmischten Gebieten besser gedeihen als in rein landwirtschaftlich geprägten, wird von einem Bericht der britischen Igelschutzgesellschaft mit dem Titel *The State of Britain's Hedgehogs 2022* gestützt. Die ländlichen Populationen nehmen immer noch stark ab, vor allem im Osten Englands. Aber in eher städtischen Gebieten, in denen aktiver Igelschutz betrieben wird, stabilisieren sich die Bestände. Inzwischen merke ich, dass ich instinktiv nach Schlupflöchern in Mauern und Zäunen Ausschau halte, wenn ich eine Straße entlanggehe. Ich bringe das Thema bei einer Beiratssitzung der Hausbaufirma Berkeley Group zur Sprache. In einem Jahr, in dem wir alle dazu neigen, per *Doomscrolling* zu viele schlechte Nachrichten zu konsumieren, ist das vielleicht einer der Lichtblicke, die wir brauchen.

Im Jahr 2020 setzte die Weltnaturschutzunion IUCN den Igel in Großbritannien auf die Rote Liste; er gilt hier als »gefährdet«. Aber Grünflächen in städtischen Gebieten könnten ihn retten. Zählungen liefern keine genauen Daten, weil Igel – wie Lizzie mir beruhigenderweise versichert hat – schwer zu finden sind. Die britische Gesellschaft für Säugetiere schätzte 2018 die Igelpopulation des Vereinigten Königreichs auf 879 000 Tiere. In städtischen Gebieten geht es ihnen zwar besser, dort besteht für sie aber auch ein größeres Risiko, überfahren zu werden. 10 bis 20 Prozent aller toten Igel gehen auf das Konto des Straßenverkehrs.

Es ist gut zehn Jahre her, dass die Organisation Hedgehog Street gegründet wurde; sie fördert »Igel-Gemeinden« und erstellt eine »Igel-Karte« Großbritanniens. Ihre Fortschritte sind in Zahlen messbar: 100 000 Igel-Patenschaften; über eine Million Unterschriften für eine Petition, die eine gesetzliche Pflicht zum Einrichten von »Igel-Schnellstraßen« bei Neubauprojekten fordert; 16 000 neu geschaffene Igel-Schnellstraßen. Die britische Bevölkerung empfindet größtenteils genau wie Ted Hughes: »Ich weiß nicht, warum ich Igel so gerne mag.«

Das igelfreundlichste Dorf von allen muss Kirtlington in Oxfordshire sein.

Bei meinem vorösterlichen Besuch in diesem Musterdorf ist die Szenerie von Narzissen und Schneestürmen geprägt. »Hier gibt es keine Hau-ab-Gartentore«, erzählt der Finanzinvestor Chris Powles, der sich für Naturschutz in Kenia engagiert, aber von den Dorfkindern nur »der Igelmann« genannt wird.

Kirtlington liegt in der Nähe von Oxford, und der Ort strotzt nur so von Professoren. Es gibt zwei Pubs (davon ist einer derzeit geschlossen) und ein Postamt (derzeit geschlossen), aber eine prosperierende Schule der Church of England, ein Dorfgemeinschaftshaus und einen gut organisierten Kirchengemeinderat, den Chris' Ehefrau Ruth als Gemeindesekretärin in Gang hält. Im Zentrum des grau-gelben Ortes, der aus dem Schiefer und Sandstein von Oxfordshire erbaut ist, liegen der Dorfteich und die Kirche. Magnolien blühen auf dem smaragdgrünen Rasen der Vorgärten. Als Chris den Igel-Durchschlupf für den Friedhof baute, fragte er seine Frau nach dem passenden Baumaterial. Sie verlangte verwitterte Eiche. Das Glück wollte es, dass sie einen umgefallenen alten Wegweiser zur Kirche fanden, den Chris als eine Art Türrahmen für das Igel-Tor verwendete. Inzwischen betreten Igel den Friedhof unter einem Stück Eichenholz mit der Aufschrift »*CHURCH*«.

Auf Chris' Schreibtisch türmen sich zu ordentlichen Stapeln geschichtete Dokumente zu seinen Investitionen in erneuerbare Energien in Großbritannien und am Sambesi-Fluss. Aber im Bücherregal stehen Schriften der Gesellschaft für Säugetiere, und die Startbildschirme seiner zwei Laptops zeigen Fotos von Elefanten im Naturschutzgebiet Mount Elgon in Kenia und von Igeln in seinem Garten.

Auf einem Beistelltisch stehen Postkarten mit Igel-Zeichnungen, die ihm die Kinder von Kirtlington geschenkt haben, und eine Tasse, auf der ein Igel ein Banner mit der Aufschrift »Igel brauchen Hilfe« hält. Eines der Kinder wurde in die BBC-Fernsehsendung *The One Show* eingeladen, um über das Dorfprojekt in Kirtlington zu sprechen, als kleiner Programmpunkt nach dem Gaststar Dolly Parton. Aber die Countrysängerin war so begeistert von der Igelschutzaktion, dass sich Kirtlingtons Nebenrolle vor den Augen der verwunderten Produzenten ausweitete.

Chris, der seine Finanzgeschäfte in Fleecepullover, Jeans und Brille von zu Hause aus abwickelt, weiß, was ihn glücklich macht: der wunderschöne, formal angelegte Garten vor seinem Fenster (sein Stolz ist etwas zwiespältig, weil »formal« unter Igel-Fans als Schimpfwort gilt), die handwerkliche Qualität der Igel-Tore, die er für seinen Garten und die Gärten der Nachbarn gebaut hat und die er mit Stonehenge vergleicht, das Holzhacken und nicht zuletzt die Tatsache, dass er beim Einschlafen um die nächtlichen Aktivitäten der fernen Elefanten im kenianischen Busch und der nahen Igel an seiner Futterstation weiß.

Die Futterstation ist eine technische Meisterleistung – ein Arrangement aus Ziegelsteinen mit einem Schieferdach und zwei Ein- oder Ausgängen. Sie ist so flach, dass keine Katzen oder Füchse hineingelangen können, und ein scharfer rechter Winkel aus Ziegelsteinen schafft eine weitere Barriere hinter dem Zugangskorridor. Ich denke traurig an die Schalen mit Wasser und Katzenfutter, die ich für Peggy hinausgestellt habe; die Nachbarskatze hat es sich schmecken lassen. Manchmal reicht es nicht, wenn wir unser Bestes tun.

Der »Igelmann« von Kirtlington wird für seinen Erfindungsreichtum belohnt. Auf seinem Laptop zeigt er mir die Bilder, die seine Kamera in der vergangenen Nacht aufgenommen hat: Ein zierliches Weibchen betritt die Futterstation, gleitet auf langen Beinen um den rechten Winkel am Ende des Gangs und kommt bei den Futter- und Wasserschalen an. Wenige Minuten später quetscht sich ein kapitales Männchen durch den gleichen Korridor; es muss sich in die Länge ziehen, um die Ecke zu passieren. Noch ein paar Mahlzeiten, und es bleibt stecken.

Chris' Lieblingsbauwerk gehört dem Ehepaar Zoe und Peter Kyte, das in einem eleganten weißen Haus mit Schieferdach wohnt, mit Blick auf einen wunderschönen, informell gestalteten Garten vor einem Teich. Dort hatte es nur eine Barriere für Igel gegeben – die Höhendifferenz zwischen zwei Grundstücken an der Mauer zu den Nachbarn –, aber Chris hat sie überwunden, indem er ein erhöhtes Igel-Loch mit einer steilen Zugangsrampe in die Mauer einbaute.

Zoe ist Anwältin, eine schlanke, mädchenhafte Frau, die auf einen Rollstuhl angewiesen ist. Sie sagt, mit Rampen kenne sie sich aus und dies sei ein besonders beeindruckendes Exemplar. Chris' Bruder, der Tierfotograf Stephen Powles, nahm ein Foto von einem Igel auf, der sich als einer der ersten die Rampe hinunterwagte; es wurde in den sozialen Medien zum Hit. Das Dorf wurde über die Igel-Welt hinaus bekannt.

Chris' Igel-Begeisterung setzte vor ungefähr sechs Jahren ein, als letztes Kapitel einer Tiergeschichte, die mit seiner Kindheit in Kenia begann. Sein Großvater stammte aus einem anderen Zeitalter – ein Farmer, der Elefanten schoss und später zum Naturschützer wurde, mit einer Leidenschaft für die »Höhlenelefanten« im Mount-Elgon-Nationalpark. Sein Vater war im ostafrikanischen Zeitungsgeschäft. Als die Briten in den 1960er-Jahren Kenia verließen und die Farmen der Weißen verkauft wurden, zog Chris' Familie in einen Vorort von London, wo sein Vater kurz darauf starb. Sein Großvater brachte ihm bei, dass britische Vögel ebenso faszinierend sein können wie die farbenprächtigen afrikanischen Arten.

Er zeigt mir das Porträt eines Vogels im Flug, so voller Dynamik und Charisma, dass ich ganz überrascht bei näherem Hinsehen ausrufe: »Das ist ja nur ein Rotkehlchen!« – »Nur?«, fragt Chris mit gerunzelter Stirn.

Ich zucke zusammen, weil ich ihn enttäuscht habe und mir die gequälte Reaktion meines Vaters vorstellen kann. Ich habe gelernt, dass das Dasein eines geliebten Menschen nicht mit dessen Tod endet. Meine Mutter ertappt sich ständig dabei, dass sie meinem Vater etwas erzählen möchte, und erlebt jedes Mal erneut einen Schock, wenn ihr klar wird, dass er nicht da ist. Wie Philip Larkin es in seinem Gedicht über den von seinem Rasenmäher überfahrenen Igel ausdrückt: »Am nächsten Morgen wachte ich auf, er nicht. Die neue Abwesenheit am ersten Tag nach einem Tod ist immer gleich.«

Ich führe weiterhin einen mentalen einseitigen Dialog mit meinem Vater: Schau mal, die Blüten an dem Wildapfelbaum, den du mir geschenkt hast, sind offen. Das ist der erste Froschlaich in dem Teich, den wir in Norfolk angelegt haben. Zu unserem fortgesetzten Gespräch sollte Missbilligung ebenso gehören wie Lob. Über meine mangelnde Wertschätzung für Rotkehlchen wäre er ebenso bestürzt gewesen wie Chris.

Wie Chris hatte mein Vater einige Jahre in Ostafrika verbracht, war aber britischen Vögeln und ihren stillen Reizen nie mit Geringschätzung begegnet. Er nahm immer die Unterschiede zwischen den kleinen braunen Dingern wahr. Am liebsten würde ich ihm den Artikel schicken, der nach seinem Tod im *Telegraph* erschien, mit der Schlagzeile: »Bei denen piept's wohl! Britische Vögel sind unscheinbar, sagen Wissenschaftler«.

Laut einer Studie der Universität Sheffield, die im April 2022 veröffentlicht wurde, sind britische Vögel um fast ein Drittel weniger farbstark getönt als ihre Verwandten in den Tropen. Die größere Vielfalt an Futterquellen in Regenwäldern und anderen artenreichen Gebieten ermöglichte es den Vögeln, mehr Eitelkeit in Bezug auf ihr Aussehen zu entwickeln. Britische Vögel, die bei kühleren Temperaturen ums Überleben kämpfen, können sich nicht mit solchem Firlefanz beschäftigen. Sie sind eher Bauern als Höflinge.

Wir sollten die subtilen Unterschiede im Aussehen und Charakter der einheimischen Arten mehr schätzen – und uns für die großen Vogelzüge begeistern. Von meinem Vater habe ich gelernt, dass ein Vogel am falschen Ort ein nachrichtenwürdiges Ereignis ist. »Beobachte genau, und lerne das zu schätzen, was direkt vor deinen Augen geschieht«, pflegte er zu sagen.

Für diejenigen, die sich von der Begeisterung für Naturbeobachtungen anstecken lassen, bietet jeder Tag neue Entdeckungen. Der Schwalbenspezialist des Dorfes kommt mit Neuigkeiten von der Mauerseglerkolonie in Cherwell, die sich unter den Dachtraufen sammelt. Ab Mai werden die Mauersegler überall sein. Für Chris Powles, den »Igelmann«, sind die Mauersegler die Verbindung zwischen Kenia und Kirtlington – sein Herz fliegt mit ihnen.

Aber ich besuche Chris vor allem deshalb, weil er der Detektiv von Kirtlington ist. Er hat einen bahnbrechenden Artikel über eines der großen Rätsel der Igel-Welt geschrieben: Was geschah während des Lockdowns mit den Igeln von Kirtlington?

Der Text trägt einen unwiderstehlichen Titel:

DIE GEMEINDE KIRTLINGTON UND DAS RÄTSEL DER LOCKDOWN-IGEL

Kirtlington – Gemeinde in Oxfordshire mit etwa 460 Häusern und 1000 Igel-Fans, die Mitglieder der Kirtlington Wildlife and Conservation Society sind.
Ein Bericht von Christopher Powles (Kirtlington Wildlife and Conservation Society)

Im Mai 2020 verschwanden die Igel von Kirtlington – plötzlich und fast vollständig.
5. Mai: Haushalt 3 schreibt dem Verfasser per E-Mail, dass seit etwa zwei Wochen kein Igel mehr aufgetaucht sei.
6. Mai: Haushalt 4 meldet per E-Mail, »vor einer Woche« habe ein toter Igel im Garten gelegen; auf den Bildern der Wildkamera sei ein Dachs zu sehen gewesen, der das für den Igel vorgesehene Futter gefressen habe.
15. Mai: Haushalt 1 vermerkt die erste Nacht ohne Igel in der Wildkameraaufzeichnung.
15. Mai: Haushalt 2 meldet Rückgang von vermutlich vier oder mehr auf vermutlich nur noch zwei Igel.
19. Mai: Haushalt 5 verzeichnet die letzte Nacht mit Igel-Beobachtung.
1. Juni: Haushalt 2 berichtet von einem Rückgang von wahrscheinlich zwei auf nur noch einen Igel.
6. Juni: Haushalt 2 verzeichnet die letzte Nacht mit Igel-Beobachtung.

Mit den Babys beschäftigt?
Durst/Hunger? Trockenheit könnte Regenwurmbestand geschädigt haben.
Krankheiten? Nicht bekannt.
Vergiftungen durch Schneckenkorn?
Veränderungen im menschlichen Verhalten? Die Menschen waren häufiger im Garten, auch abends.
Füchse? Keine Hinterlassenschaften.
Dachse? Wurden gesichtet und sind Hauptverdächtige.
Jahreszeituntypisches Wetter.
Covid-Lockdown: Weniger überfahrene Tiere, Aasfresser daher vielleicht in Gärten auf Futtersuche.
Dachse! Zahlreiche Sichtungen per Wildkameras.

Indiz: Igel-Überreste. Haushalt 4 berichtet: »Nur Haut und Stacheln sind noch übrig«, was charakteristisch dafür ist, wie Dachse Igel fressen: Sie nutzen ihre kräftigen Krallen, um sie zu öffnen; wenn sie sich zusammenrollen, drehen die Dachse sie auf den Rücken und fressen sie von unten.
Patrick Doncaster, Professor für Ökologie am Fachbereich Biologie der Universität Southampton, untersuchte 1992 die Igel des Herrenhauses Kirtlington Park. Er wies nach, dass Igel das kurz gemähte Gras von Rasenflächen und Sportplätzen mögen. Und dass die Populationsdichte der Igel umgekehrt proportional zu der von Dachsen ist – zwei der von ihm untersuchten Tiere wurden gefressen, eines von einem Dachs und eines von einem Hund.
Aufgrund der Zuneigung, die viele Menschen (einschließlich des Autors!) Igeln entgegenbringen, und der be-

trächtlichen Anstrengungen, die die Dorfbewohner für den Igelschutz unternehmen, hat das plötzliche und fast vollständige Verschwinden der Igel von Kirtlington große Bestürzung verursacht. Einige der Kommentare in den sozialen Medien des Dorfes lassen sich nur als »gefühlsbefrachtet« beschreiben. Allerdings ist es wichtig, keine voreiligen Schlüsse zu ziehen, alle Anhaltspunkte für die Geschehnisse zu untersuchen und sich vor Augen zu führen, dass die Natur Natur bleibt. Nach Ansicht des Verfassers deuten alle Indizien auf Dachse hin. Die Haut- und Stachelreste wurden im Garten der Strafverteidigerin Zoe Lyte gefunden.

»Waren es die Dachse?«, frage ich Chris. Seine Antwort zeugt von größerer wissenschaftlicher Zurückhaltung als sein ursprünglicher Bericht. »Mit Sicherheit haben Dachse einen Igel gefressen. Ich hätte aber erwartet, dass im Dorf mehr Haut und Stacheln gefunden und mehr Dachse gesichtet würden.«

Das Jahr, in dem die Igel verschwanden, wird in die Gemeindegeschichte von Kirtlington eingehen.

Stephanie, eine Naturschützerin, führt mich im Dorf herum. Sie ist auf der Seite der Dachse; ihrer Ansicht nach bekommen sie nur schlechte Presse. Die von Bauern angezettelten Dachsjagden mit der Begründung, sie seien potenzielle Überträger von Tuberkulose, findet sie empörend. Der Schutz ländlicher Gebiete steckt voller kleiner Interessenkonflikte.

Als ich aus der Zahl überfahrener Tiere – einem gängigen Maß für die Verbreitung von Arten – schließe, dass es in East Anglia viel mehr Fasane und Dachse als Igel gibt, zieht Chris Powles sofort eine kausale Verbindung. Der Enkel eines Mannes, der Elefanten schoss, ist kein Gegner der Fasanenjagd. Allerdings sorgt er sich, weil die britische Praxis des Aussetzens und Abschießens von Zuchtfasanen Auswirkungen auf die Igel hat. Zu viele Fasane, zu wenig Insekten für alle.

Später führt er mich durch seinen formell-informellen Garten und zeigt mir einige Klumpen Igelkot. Das ist ein ganz eigenes Fachgebiet, wie ich schon in Emmas Igel-Hospital gelernt habe. Besonders inspirierend findet Chris Hinterlassenschaften, in denen Käferflügel glitzern. Er schmiert ein wenig Kot an einen Stock und schnuppert anerkennend daran, bevor er ihn mir entgegenstreckt. Wir nehmen plötzlich Witterung auf. Das Einzige, was ich feststellen kann, ist, dass Igelkot definitiv anders riecht als der von Füchsen. Frisch und grasig. Anscheinend wird er nur von Otterkot übertroffen, der nach Earl-Grey-Tee und Jasmin duftet.

Und so stehen wir mitten in einem Dorf in Oxfordshire, zwischen Sonnenschein und Schneeschauern, und führen ein hochzivilisiertes Gespräch über den Geruch von Fäkalien. Ich könnte nicht glücklicher sein. Stephanie sagt, es sei ein Indiz für den Charakter von Kirtlington, dass seine Naturfreunde und -freundinnen so eloquent seien. Auf dem Friedhof liegt Hugh Geoffroy Millais, ein britischer Autor, Abenteurer und Schauspieler des 20. Jahrhunderts. Die Inschrift auf seinem Grabstein lautet: »Er wurde geboren mit der Gabe des Lachens und dem Gefühl, die Welt sei verrückt.«

8

Trauer, Glaube, Hoffnung und Igel

Wie Emma in ihrem Igel-Hospital schon sagte: Igel haben etwas Magisches, etwas beinahe Einhornhaftes. Ein Freund von mir, Manager bei einem Fernsehsender, warf einmal einen Stein nach einem Tier vor seiner Küche, das er für eine Ratte hielt, und erkannte dann, dass er einen Igel getötet hatte. Ihm lief ein kalter Angstschauer über den Rücken, als müsste ihn jetzt ein Fluch treffen. Der friedliche, aber rätselhafte Igel lässt uns über unser eigenes Stück Land und das, was jenseits davon liegt, nachdenken; wir können ihn erforschen und schützen, aber nicht festhalten. Er zieht weiter, über Berg und Tal, durch Wald und Feld.

Meine Freundin Jane Byam Shaw wurde zur Naturliebhaberin erzogen und gab diese Liebe an ihren kleinen Sohn Felix weiter. Als sie zu Beginn dieses Jahrhunderts in einen nördlichen Vorort von Oxford umzogen, installierte Felix Wildkameras im Garten. Jeden Morgen rannte er gleich nach dem Aufstehen im Schlafanzug hinaus, um die Speicherkarte herauszuholen. In der Schule knetete er mit seinen Freunden Igel aus Ton, und Janes Haus verwandelte sich in eine Zwischenstation für kranke Igel, die sie zusammen mit Felix ins lokale Igel-Hospital brachte.

Wie Beatrix Potter war die Familie Byam Shaw von London aufs Land gezogen, und in der ländlichen Abenddämmerung, die ihn faszinierte, leuchtete Felix in der Hoffnung auf Igel mit seiner Taschenlampe unter die Büsche. Und die Igel kamen.

Seine Mutter sagt, Felix habe einen Instinkt für Naturbeobachtung gehabt, eine Art Superkraft. Er war immer der Allererste, der Rehe in der Wiesenlandschaft Port Meadow bei Oxford entdeckte. Und wie Beatrix Potter hatte er einen besonderen Blick für Kaninchen.

Im Sommer 2014, als Felix 14 Jahre alt war, fuhr er mit Freunden der Familie nach Frankreich in die Ferien und kehrte nie zurück. Er starb an einer seltenen Form von Meningitis. In Janes letztem, verzweifeltem Telefongespräch mit ihm, als klar wurde, wie ernst seine plötzliche Erkrankung war, klang er vage und verwirrt und wollte nach Hause. Das Herz einer Mutter bekam einen Riss.

Jane, ihr Mann Justin und ihr älterer Sohn Dan begruben Felix auf dem Friedhof von Woodeaton bei Oxford, und sie stellt sich gerne vor, dass dort Kaninchen spielen.

Jane ist nicht religiös, versteht aber die Natur als eine Art Glauben. In der bodenlosen Dunkelheit der Tage nach

Felix' Tod hatte sie ein spirituelles Erlebnis. Der Sommer war unvergesslich heiß, und sie pflegte auf dem Bett ihres Sohnes zu liegen und zum offenen Fenster hinauszustarren.

Sie erzählt: »Plötzlich bemerkte ich einen Schmetterling auf meinem Arm, im Zimmer, und das war so seltsam, weil in den folgenden Wochen weitere Schmetterlinge auftauchten. Ich fand immer wieder Schmetterlinge in diesem Zimmer.«

Eines Tages besuchte Jane mit ihrem Mann den Ort, an dem Felix begraben werden sollte, und beim Weggehen bemerkte sie einen Schmetterling, der sich genau auf der vorgesehenen Grabstelle ausruhte.

Sie schickt mir ein Foto, das sie, kurz nachdem ihr Sohn gestorben war, in ihrem Garten aufgenommen hat. »23. August 2014 – etwas mehr als ein Monat nach Felix' Tod«. Ein Schmetterling schmiegt sich an ihren Arm. Sie sagt: »Ich hatte das noch nie erlebt, und es fühlte sich an wie ein Zeichen. Ich bin nicht abergläubisch, aber das war alles unverkennbar.«

Dann kamen die Igel. Jane erinnert sich, dass sie an einem flirrend heißen Sommernachmittag mit ihrem Mann und dessen Stiefbruder in der schattigen Küche saß; dieser zeigte durchs Fenster auf einen Maulwurf, den er mitten auf dem Rasen entdeckt hatte. Als Jane hinausging, um nachzusehen, fand sie einen Igel, wackelig und verwirrt durch die glühende Tageshitze. Jane brachte ihn ins Igel-Hospital, wie schon so viele andere mit Felix, und nahm auch dies als ein Zeichen. »Das war etwas, das ich mit Felix getan hatte, und ich überlegte: Was könnte ich für Igel tun?«

Für Jane war es die Natur, durch die sie sich ihrem Sohn weiterhin nahe fühlen konnte und die ihr einen Weg durch ihre Trauer zeigte.

»Die Igel schufen eine Verbindung zu den Nachbarn. Man neigt dazu, sich zurückzuziehen, und so hatte ich einen Grund, mit den Menschen zu reden; außerdem war es etwas, wobei Felix' Freunde gerne mitmachten.«

Mir fällt Rory Stewarts Behauptung ein – dass man beim Thema Igel keinen Gegenwind in den sozialen Medien erlebe. Jane entdeckte, dass die Brücken und offenen Türen, die Igel für ihre Wanderungen brauchen, nicht nur buchstäblich existieren, sondern auch metaphorisch. Sie zog Hugh Warwick zurate, der meinte, sie brauche eine Fläche von der doppelten Größe eines Golfplatzes, um etwas Nennenswertes zu erreichen. Also studierte sie Landkarten und zog eine Linie, die zwei Colleges der Universität Oxford und die Flussufer des Cherwell einschloss. Anschließend kaufte sie eine leistungsstarke Schlagbohrmaschine für die dicken Ziegelmauern der Gärten von Oxford und machte sich an die Arbeit; sie richtete Schnellstraßen für Igel durch den ganzen Stadtteil ein. Dabei unterhielt sie sich mit den Menschen in der Nachbarschaft, entdeckte Gemeinschaften von alten und jungen Leuten und versenkte sich in die Welt der Natur.

Jane sagt, sie habe erkannt, dass Schutzmaßnahmen für Igel auch allem anderen hälfen.

»Das Schöne an Igeln ist, dass sie eine Art Leitspezies sind: Was auch immer wir für Igel tun, wie zum Beispiel wilde Gartenecken einrichten, nützt auch allen anderen Tieren. Mit Igelschutz helfen wir der gesamten Natur.«

Felix' Anteilnahme an der Natur war nur ein Teil jener

generellen Empathie, die er für alle Unglücklichen empfand. Daher gründeten Jane und Justin Byam Shaw das *Felix Project*, das übrig gebliebene Lebensmittel in Läden und Restaurants einsammelt und in knallgrünen Lieferwagen mit »Felix«-Logo an Tafeln und Obdachlosenheime ausliefert.

Während ich jederzeit auf das fertige Puzzle der Lebensgeschichte meines Vaters zurückblicken kann, weiß Jane nicht, was Felix in seinem Leben als Erwachsener getan hätte; allerdings ist sie sich sicher, dass er Naturschutz und Hilfe für andere kombiniert hätte. Daher ist dies, auf dem Weg über seine Eltern, sein Vermächtnis.

Am letzten Jahrestag von Felix' Tod fuhr Jane nach Dorset, wo sie und Justin bei einem Rewilding-Projekt mitarbeiten. Plötzlich hielt das Auto vor ihr grundlos an. Sie bremste ebenfalls und schaute aus dem Fenster.

Sie erzählt: »Ich begriff, dass das Auto einen Igel die Straße überqueren ließ – und am Tag darauf fand ich einen Igel in unserem ummauerten Garten in Dorset. Insofern verbinde ich diese Felix-Aura mit ihnen. Ich glaube, er schickt mir Igel.«

Vorsichtig frage ich, ob das gleichbedeutend sei mit Glauben, und Jane zögert. Ich kann nachvollziehen, dass eine Mutter, die ein Kind verloren hat, Gottes Wohlwollen infrage stellt.

»Felix kam an einem Karfreitag auf die Welt, das hat sich immer ein bisschen seltsam angefühlt – als würde es sein Schicksal beeinflussen.«

Obwohl sie also nicht an einen Gott im kirchlichen Sinne glauben kann, spürt sie die spirituelle Dimension und Felix' Platz darin.

Ihr älterer Sohn Dan durchwanderte in den Osterferien nach Felix' Tod Kreta von einem Ende zum anderen. Er hatte sich in Oxford mit altgriechischen Klageliedern befasst, und seine Gedanken über den Kummer und das Jenseits sind zu Memoiren der Trauer geworden.

Janes geistiges Reich ist die Welt der Natur. »Wenn es uns nichts ausmacht, die Igel zu verlieren, haben wir unseren moralischen Kompass verloren. Es gibt diese Moral, diese innere Berufung, etwas zu tun, wenn ich kann.« Zum Beispiel, anderen zu helfen. »Nahrungsmittel und damit die Umwelt zu retten, ist eine Art spiritueller Akt; irgendetwas an der Dankbarkeit für Essen und seine Verteilung fühlt sich an wie ein religiöses Thema.«

Wie mein Bruder an meinen Vater schrieb, vor dessen Tod: »*Proficiscere, anima christiana*« (»Brich auf, christliche Seele«).

In seinem Buch *Über die Trauer* beschrieb C. S. Lewis, der Autor der *Chroniken von Narnia*, seine Geistesverfassung nach dem Tod seiner Frau: »Zwischen mir und der Welt steht eine unsichtbare Wand.« Wenn er über Gott nachdenkt, hat er das Gefühl: »Die Fenster zeigen kein Licht«, und fragt sich: »Warum hast Du mich verlassen?«

Üblicherweise spricht man Menschen, die gerade jemanden verloren haben, sein »Beileid« aus. Wenn der Tod aber früh und plötzlich kommt, fühlt es sich an, als wäre »Leid« ein zu schwacher Ausdruck für eine derart existenzielle Wunde.

Im Juli 2019 starb Iris, die 15-jährige Tochter des Bankiers Ben Goldsmith und der Millionenerbin Kate Rothschild, bei einem Unfall mit einem Geländefahrzeug. Ben hat mittlerweile ein Buch über seinen Weg der Trauer geschrieben, der ihm den Blick für den Glauben öffnete.

Der 41-Jährige stammt aus einer Familie von Landbesitzern und Umweltschützern. Wenn man seinen Instagram-Account anschaut, kommt einem der Begriff »zauberhaft« in den Sinn. Man sieht ihn als Cricket-Zuschauer mit Mick Jagger oder an einem Karibikstrand bei Sonnenuntergang oder an einem Lagerfeuer auf seiner Farm in Somerset. Seine zweite Frau Jemima ist wunderschön, ihre kleinen Kinder sind reizend. Es gab keinen ersichtlichen Grund, ihn zu trösten, bis seine Tochter Iris starb und ein unsichtbarer Vorhang ihn von der Welt trennte. Wie Jane Byam Shaw fand er in der Natur seine Stütze, wenn nicht sogar seine Rettung.

Wenn Ben in London ist, lebt er in Barnes, einem wegen seiner Bäume und der Infrastruktur für Igel bemerkenswerten Vorort, und er erinnert sich an einen Spaziergang mit seiner Tochter auf dem üppig grünen Friedhof neben der kleinen Kirche St. Mary's. Niemals hätte er gedacht, dass er sie einen Monat später dort begraben würde.

Nach ihrem Tod befand er sich in einem blinden Schockzustand. Er zog sich auf seine Farm in Somerset zurück und fragte sich, wie er weiterleben sollte.

Er erzählt: »Unmittelbar nach Iris' Tod fand ich mich blinzelnd wieder – ich weiß nicht, ob Sie schon einmal ein schweres Trauma erlebt haben, aber es ist ein Gefühl von Grauen. Dieses Grauen nimmt zu und ab, aber es verschwindet nie – man lernt einige Tricks, um damit umzugehen.

Am Anfang ging ich völlig verstört hinunter zu unserem Teich in Somerset – ich zog mich aus und tauchte, und ich kann mich daran erinnern, dass ich bis zum Boden schwamm und mich eng zusammenrollte; dann schoss ich wieder nach oben und blinzelte in die Sonne. Und ich war umgeben von Libellen, die über dem Wasser schwebten, von Schmetterlingen und Schwalben, die zum Trinken die Wasseroberfläche berührten, und Säulen aus Sonnenlicht strahlten durch die Wolken. Das war ein wunderschöner Moment, und ich weiß noch, dass mir der Gedanke bewusst wurde, wie schön die Welt ist und wie stark ich diese Schönheit wahrnehme.«

»War diese Schönheit schmerzhaft?«, frage ich.

Ben, der leise und gelassen spricht, antwortet: »In jenem Augenblick empfand ich Überraschung darüber, dass die Welt auf noch eindringlichere, bewegendere Weise schöner war als je zuvor. Ich hatte das Gefühl, gehalten zu werden, getragen. In den Momenten, in denen wir ihn am meisten brauchen, ist Gott für uns da. Ich konnte das physisch spüren.«

Er beschreibt das momentane Abklingen des Schmerzes in einer Umgebung, die vor natürlichem Leben brummt, ebenso gutartig wie gleichgültig.

Jane Byam Shaw spürte, dass Schmetterlinge Botschafter von Felix waren. Ben sah an klaren Tagen Regenbögen, manchmal genau dann, wenn er und seine Kinder über Iris sprachen. Der Name *Iris* bedeutet »Regenbogen«. Und dann gab es noch die Vögel, die in den Tagen nach Iris' Tod ins Haus flogen.

»Vögel kamen ins Haus, eine Menge Vögel. Das war sehr ungewöhnlich, ich hatte es noch nie erlebt, aber innerhalb einer einzigen Woche muss es ungefähr acht Mal passiert sein: eine Mehlschwalbe, eine Taube, außerordentlich zahm. Ich bin für alles aufgeschlossen.«

Gleichzeitig legten sich einige von Iris' vielen Haustieren – ihre Kaninchen, Meerschweinchen, ein kleines Kätzchen – einfach hin und starben. »Ich erfreue mich an dem Gedanken, dass sie bei ihr sind.«

Ihr Pony überlebte, und manchmal streichelte Iris' Vater sein Maul und flüsterte: »Hat sie dich besucht? War sie da?«

Vor Iris' Tod hatte Ben die Natur als etwas vom Glauben vollkommen Getrenntes betrachtet. Danach wurde er empfänglich für das »Reich des Spirituellen«. Er besuchte ein Medium, einen Mönch, einen Rabbi, einen Pfarrer und nahm die psychedelische Droge Ayahuasca ein.

Aber es war die Natur, die ihm Lebenssinn und Trost gab. Ben zeigt mir ein altes Instagram-Video, das Iris ihm geschickt hatte. Ihre 13-jährige Stimme ist zu hören, jugendlich, im Freien, erstaunt, lachend. Sie filmt einen Starenschwarm über der Wiese. Ihre Stimme wird vom Wind verweht: »Schau! Sie fliegen hoch! Schau, wie riesig der ist! Und ich stand direkt daneben!«

Wie Pascal in seinen *Pensées* schrieb: »Es ist bemerkenswert, daß keiner der Verfasser der heiligen Schriften sich je der Natur bediente, um Gott zu beweisen« – und das, obwohl Gläubige immer versuchten, Gottes Existenz anhand der Natur zu belegen.

Natur als Trost, Natur als Lebenssinn. Und der Igel als einer der wichtigsten Indikatoren dafür, dass die Zerstörung der britischen Natur sich allmählich umkehrt.

Bens Bruder ist Zac Goldsmith, der Umweltminister. In der Aprilwoche, in der Russland einen neuen Angriff auf die Ostukraine startet und der Premierminister vom Parlament zu seinen Partys in der Downing Street befragt wird, rufe ich Zac an, um mein Plädoyer für Igel vorzutragen.

Er ist Mitglied des Oberhauses, nimmt aber klugerweise die Gegenreaktionen von Labour-Wählern und Fleischliebhabern wahr, die angesichts steigender Energiepreise gegen »Öko-Eiferer« wettern; er spricht lieber über »Natur« als über »Klima«. Die wahren Versöhner sind allerdings die Igel. Der Schriftsteller und Igel-Fan Tom Holland gab übervorsichtigen konservativen Umweltpolitikern neulich den Rat, Igel-Ziele anstelle von CO_2-Zielen zu verkünden – niemand könne sich für Kohlendioxid begeistern, aber Igel würden die Nation einen. Auch Zac Goldsmith meint: »Da gäbe es keine Unterscheidung in links und rechts, weil alle Igel mögen.«

Ich erzähle ihm von Rowan Williams' Gedanken, dass der Igel eine ähnliche Figur sein könnte wie der Löwe Aslan aus *Der König von Narnia*, der das Land vor dem ewigen Winter rettet. Einen Igel zu sehen, ist ein Anzeichen für den Frühling, der in ein gesundes und friedliches Land zurückkehrt. Könnte das NATO-Symbol Igel nicht auch ein passendes Symbol für das Vereinigte Königreich sein? »Das gefällt mir«, meint Zac.

Während im öffentlichen Leben eine Krise die andere jagt, aalt sich die Öffentlichkeit selbst in der Aprilsonne, versammelt sich in der Freiheit der Masse im Park oder spaziert durch den Wald und entlang der Flüsse. Wildkirschen und Weißdorn sind auf die frühe Schlehenblüte gefolgt. Die beiden Wildapfelbäume in meinem Garten, ein Geschenk meines Vaters, sehen aus wie sein großer weißhaariger Kopf auf dem Kissen. Ich habe ihre Blüte noch nie so schneeweiß erlebt.

Igel bedeuten Hoffnung. Und Zac Goldsmith sagt, wir sollten die Igel schützen. »Dazu braucht es gar nicht viel Aufwand.« Er hat beobachtet, wie die Igelpopulation in Barnes rasant anwuchs, nachdem zwei Anwohner, ein belgischer Juwelier und ein stämmiger Elektriker, Igel-Schnellstraßen durch diesen dörflichen Londoner Vorort gebaut hatten. Straßen und Lebensräume sind die Antwort.

»Wenn man jeden Zentimeter Gras abrasiert und mit Chemikalien tränkt, hat man auch keine Igel.« Igel brauchen Hecken – Korridore, die von Insekten wimmeln.

Während die Regierung eilig Initiativen beschließt, um ihre Hinterbänkler zu besänftigen, verläuft ein anderer Plan gemächlicher, der wie aus *Der Wind in den Weiden* klingt: Es geht um die Renaturierung von 1000 Flusskilometern. England lässt sich anhand seiner Wasserwege kartieren. Eine große Koalition von Interessen hat sich gebildet: der Naturschutzverband *Natural England*, die Biberschutzvereinigung, die Fans der englischen Kalkflüsse sowie die Liebhaber von Fischottern, Bachforellen, Eisvögeln und Eintagsfliegen. Ich denke an den Maulwurf in *Der Wind in den Weiden*, »mit Glitzern, Kräuseln und Duft und Geräusch und Sonnenschein berauscht«: »Er steckte seine Pfote ins Wasser und träumte ausgiebige Tagträume.«

Zac Goldsmith fragt: »Wer läuft nicht lieber am Wasser entlang als an kahler Ödnis?«

Mir fällt wieder ein, was Professorin Stephanie Holt vom Naturhistorischen Museum gesagt hat. Haben wir die einheimische Natur unterschätzt und die Exotik afrikanischer Safaris gesucht, anstatt das zu sehen, was direkt vor uns liegt?

Zac sagt traurig: »Wir haben die Tierwelt jahrzehntelang für selbstverständlich gehalten – mit dem Ergebnis: aus den Augen, aus dem Sinn. Wie viele junge Leute haben schon einmal einen wilden Igel gesehen? Als Kind habe ich sie oft gesehen und gefüttert. Wenn ein Kind im eigenen Garten oder auf einer Grünfläche, wo auch immer, einen Igel sieht, ist das etwas sehr Aufregendes. Inzwischen denken wir, Natur sei etwas, das irgendwo anders stattfindet.«

Er erzählt vom Besuch seiner kolumbianischen Amtskollegin in Knepp Wildland, dem renaturierten Landwirtschaftsprojekt von Isabella Tree. Die Kolumbianerin lebte im Amazonasgebiet, und Goldsmith erklärte ihr, Knepp sei die englische Entsprechung: »Ein kleiner Fleck auf der Karte, unsere Oase der Artenvielfalt.«

Minister Goldsmith muss zu seinen Amtsgeschäften zurückkehren. Bevor er geht, sagt er noch: »Ich weiß, ich bin ein Eiferer, aber mir kommt es so vor, als wäre es egal, wie die Frage lautet – die Antwort läuft immer wieder auf die Natur hinaus.«

9

Winterschlaf und blonde Verführerinnen

Der Frühling strahlt in vollem Ornat; die Vögel jubeln auf den Ästen ihre Halleluja-Hymnen, und die ersten Mauersegler sind schon da und nisten. Der dunkle Winter ist vorbei, der Garten badet im klaren Licht des Aprils, und mir wird bewusst, dass ich meinen Vater zurückgelassen habe. Er starb in der Düsternis des Februars, neben sich das aufgeschlagene Gebetbuch: »Eine ruhige Nacht und ein gutes Ende gewähre uns der allmächtige Herr.«

Die ewige Ruhe des Grabes.

Unser Enkel Billy brachte diese Doppeldeutigkeit in aller Unschuld zum Ausdruck, als er nach dem Begräbnis vor dem Haus stand und über den Rasen in Richtung Horizont rief: »Gute Nacht, Noel!«

Wann immer ich Dad im Winter gefragt hatte, wie er sich fühle, sagte er: »Ach, weißt du, schläfrig und träge. Ich habe das Gefühl, ich bin für niemanden mehr zu etwas nütze.« Ich antwortete, dass ich das lieber als ein Kräftetanken betrachten würde, ein Ansparen von Energie, eine Art Winterschlaf. Ich war voller Hoffnung, aber Dad war voller Glauben.

Er hätte das Frühjahr so gesehen wie Kenneth Grahame, der Autor von *Der Wind in den Weiden*, den menschlichen Fortschritt: »Eine neue Welt wird geboren … Und man darf nicht um die alte trauern, die neue ist so wunderbar.«

Winterschlaf ist ein außergewöhnlicher Zustand: mehr als der Schlaf, weniger als der Tod. Ein Schwebezustand, eine Art freiwilliges Koma. Durch einen mir vollkommen rätselhaften Glücksfall erzählt mein Mann Kim von einem Gespräch, das er bei einem College-Abendessen in Oxford mit seinem Tischnachbarn führte. Dr. Vladyslav Vyazovskiy, der auf Ukrainisch das Tischgebet sprach, ist assoziierter Professor für Neurowissenschaften am Fachbereich für Physiologie, Anatomie und Genetik in Oxford.

Er hat einen Aufsatz über den Schlaf geschrieben, in dem er uns daran erinnert, dass wir ein Drittel unseres Lebens verschlafen. Schlaf sei ein Zustand des Andersseins, schreibt er: »Wenn wir einschlafen, hört nicht nur die Welt auf, für uns zu existieren, sondern wir selbst nehmen, bildlich gesprochen, eine Auszeit und hören aus der Perspektive der Außenwelt praktisch auf zu existieren.«

Und diesen Zustand teilen wir mit der Natur: »Wir leben auf einem Planeten, der zur Hälfte schläft.«

Ein paar Tage später sitze ich per Zoom Vlad mit seinem glänzenden braunen Topfschnitt und seinem eigenartigen

Lächeln gegenüber. Er spricht über den Winterschlaf sibirischer Mäuse, über dessen Implikationen für Menschen, die zum Mars reisen, und über die philosophischen Unterschiede zwischen Existenz, also Bewusstsein, und Tod.

Ich denke wieder an das »Nachtgebet« und den Vorgang des Sterbens. Im Fall meines Vaters tippe ich darauf, dass sein schwaches Herz versagte und seine Atmung aussetzte. War ihm bewusst, dass er starb, oder nicht?

Vlad empfiehlt mir ein Buch von Evan Thompson mit dem Titel *Waking, Dreaming, Being* und die Forschungen des Center for Healthy Minds der Universität Wisconsin-Madison. Dort werden die Traditionen des tibetischen Buddhismus im Zusammenhang mit postmortalen meditativen Zuständen untersucht. Die Medizin unterscheidet zwischen Leben und Tod, aber wenn einige Körperfunktionen künstlich aufrechterhalten werden, wird es komplizierter. In Bezug auf meinen Vater sagte der Arzt, sein Herz arbeite nur wegen der Medikamente weiter; wie steht es dann mit Menschen, die an Beatmungsgeräten hängen? Die Lebenszeichen, die wir anerkennen, sind Herzschlag, Atmung und Hirntätigkeit.

In einigen Religionen wird die Grenze zwischen Leben und Tod weniger klar gezogen. Der Tod, schreibt Evan Thompson, sei möglicherweise »kein Ereignis, das zu einem bestimmten Zeitpunkt eintritt«. Tibetische Buddhisten glauben an einen Zustand namens *Tukdam*, der durch den Akt des Sterbens eintreten kann. In einem Aufsatz der Universität Wisconsin-Madison heißt es: »Angeblich steht allen Menschen diese Möglichkeit offen, weil sie durch den Prozess des Sterbens auf natürliche Weise entsteht, aber nur Menschen mit fortgeschrittener Meditationspraxis sollen die Fähigkeit haben, eine derartige Erfahrung für die spirituelle Selbstverwirklichung wahrzunehmen und zu nutzen.«

Evan Thompson besucht eine Meditationssitzung über das Sterben, geleitet von einer buddhistischen Lehrerin namens Roshi Joan. Sie sagt, der Vorgang des Einschlafens habe große Ähnlichkeit mit dem, was beim Sterben passiere. Unser sinnlicher Zugriff auf die Welt lockere sich. »Während der Körper weggleitet«, sagt sie, »entgleitet uns auch die Außenwelt ... Das ist die Loslösung vom Erdelement, Form verwandelt sich in Gefühle.« Den Moment des sogenannten physischen Todes beschreibt Roshi Joan als »kleine, flackernde Flamme wie die einer Kerze – plötzlich erlischt sie, und das Bewusstsein ist weg«.

Ich denke an die Totenwache für meinen Vater, die mein Bruder in der Kirche vorbereitet hatte. Dads Sarg, umgeben von Kerzen in der Dunkelheit. Flackernde Kerzen als freundliche Gefährten im Unbekannten.

Dann führt Roshi Joan den Autor ins nächste Stadium: »Ein tiefschwarzer Himmel erscheint, ohne Sterne oder Mond. Aus diesem Nichts erhebt sich ein Leuchten. Du bist eins mit dem klaren Himmel der Morgendämmerung, ohne Sonnen- oder Mondlicht, ohne Dunkelheit. Du bist Seligkeit und Klarheit.«

Dieser Zustand des Strahlens verlängert eine Art Bewusstsein über den Todeszeitpunkt hinaus, und bei Menschen, die geistig befreit sind, kann er die physische Verwesung wochenlang hinauszögern.

Oft ist zu beobachten, dass Menschen an der Schwelle des Todes geistig viel klarer und ruhiger werden. Wir nennen das »Remission«, aber es könnte eine spirituelle

Chance darstellen. Meines Vaters Freund Kit Chalcraft, der ihn an seinem letzten Nachmittag besuchte, sagte beim Verlassen des Raumes zu meiner Mutter, mein Vater habe einen viel lichteren Moment gehabt als bei vorausgegangenen Besuchen. War das ein Omen?

Der Mensch, mit dem ich am liebsten über diese Frage gesprochen hätte, ist in der Nacht darauf gestorben. Als ich ihn am nächsten Morgen sah und seine kalte Stirn streichelte und seine noch nicht steife Hand hielt, hatte er die Schwelle zum Tod überschritten. Aber war das ein Prozess gewesen oder ein Augenblick? Ist das Ich oder das Bewusstsein ein Prozess?

Jedes Mal, wenn Dad in den Foto-Rückblicken auf meinem Smartphone auftaucht, wünsche ich ihn mir zurück. Kann die Kraft meiner Erinnerungen eine Verbindung zu einem posthumen Bewusstsein herstellen? Wo ist er? Ich kann nicht weiter denken, als dass er in der Welt der Natur ist und ich ihn dort finden werde. Jetzt verstehe ich seinen Wunsch, eingeäschert und nicht begraben zu werden.

> Ihr an des Erdballs wahngekrümmten Ecken,
> Blast die Trompeten, Engel, und steht auf
> Vom Tod, zahllose Seelen, und zuhauf
> Sucht eure Leiber in den Grabverstecken.
> John Donne, »Vertagte Auferstehung«

Vlad steht der buddhistischen Vorstellung von einem Sterbevorgang anstelle eines Todeszeitpunkts aufgeschlossen gegenüber, aber seine wissenschaftliche Mission ist eine andere. Er möchte den Winterschlaf untersuchen oder, wie er es nennt, den Zustand des »Torpor« – des extremen

Einsparens von Energie, um zu überleben –, weil die Menschen, wenn sie den Mars erreichen wollen, lernen müssen, wie man sich ausschaltet.

Er runzelt die Stirn und rechnet: »Wie lange braucht man bis zum Mars? 700 Tage. Mindestens 450, vielleicht aber auch über 1000. Das ist eine sehr lange Zeit.«

Winterschlaf bedeutet, weder zu essen noch zu trinken, Darm und Blase nicht zu entleeren, wenig Sauerstoff zu atmen. Außerdem wäre man besser vor kosmischer Strahlung geschützt, weil sich alle chemischen Reaktionen verlangsamen. Wir wären in viel besserer Verfassung.

Die weltweite Raumfahrtgemeinschaft untersuchte diese Frage beim 57. *International Astronautical Congress* und kam zu der Schlussfolgerung:

Während der zeitraubenden Reise zum Endziel einer interplanetarischen Mission werden nur wenige oder keine menschlichen Aktivitäten und Kontrollen benötigt. Folglich wäre es wünschenswert, den Konsum von bordeigenen Ressourcen in dieser Phase zu reduzieren und die Crewmitglieder irgendwie in »Schlaf« zu versetzen. Derartiges Verhalten ist bei vielen Warmblütern zu beobachten, auch bei Säugetieren, das heißt mit Menschen verwandten Tieren, die Winterschlaf halten, um den Energieverbrauch in jenen Zeiten zu minimieren, in denen wenig Aktivität vonnöten und wenig Nahrung verfügbar ist, also im Winter. Während wechselwarme Tiere wie Fische oder Insekten ihre Körpertemperatur ständig an die Umgebung anpassen, müssen gleichwarme (warmblütige) wie Säugetiere sich aktiv in einen Zustand reduzierten Stoffwechsels begeben. Diese Fä-

higkeit ist bei verschiedenen Arten aus verschiedenen Familien zu beobachten. (...)
In einen solchen hypometabolischen Zustand versetzt, würden Menschen weniger Energie und Nahrung benötigen, weniger »Abfallstoffe« produzieren, weniger Platz brauchen, möglicherweise weniger emotionalen Stress empfinden, weil sie die Isolation nicht bewusst wahrnehmen, und außerdem einen deutlich geringeren Rückgang der körperlichen Leistungsfähigkeit erfahren als normalerweise bei längeren Phasen der Inaktivität. Überdies wäre der Organismus aufgrund der reduzierten Atmung, Herzfrequenz, Nierenfiltration und Nervenaktivität weniger anfällig für die schädlichen Folgen der annähernden Schwerelosigkeit; die Auswirkungen der Strahlung dürften dagegen unverändert bleiben.
Auch wenn die positiven Effekte hypometabolischer Zustände offenkundig sind, bleiben noch mehrere Schwierigkeiten, die wir verstehen und meistern müssen. Zu den großen ungelösten Herausforderungen gehört die Frage, wie man solche Zustände reduzierter Stoffwechselaktivität bei Lebewesen künstlich herbeiführt, die sie nicht von Natur aus erleben.

Das ist der knifflige Punkt. Und Vlad erzählt mir, er erinnere seine Kolleginnen und Kollegen bei der European Space Agency immer wieder daran, dass das Aufwachen aus dem Winterschlaf gefährlicher sein könnte als das Einschlafen. Allein die Veränderung der Herzfrequenz könnte einen massiven Schock auslösen.

Er hofft, dass sibirische Mäuse einen Teil der Antworten liefern werden. Der wichtigste Auslöser für den Winterschlaf ist in Wirklichkeit nicht die Kälte, sondern die Dunkelheit. Die Temperatur folgt gleich danach auf dem zweiten Platz: In Sibirien ist es im Sommer sehr heiß und im Winter sehr kalt. Er testet die Reaktionen seiner Mäuse, indem er die Laborbedingungen von langen Tagen mit 16 Stunden auf kurze mit 8 Stunden umstellt. Dabei achtet er auf die Auslöser für Stoffwechselveränderungen. Er weiß, dass die Körpertemperatur sinkt, das Wichtigste ist aber die Energieeinsparung.

Torpor ist nicht das Gleiche wie Schlaf, aber Schlaf ist der Zugang zum Torpor. Säugetiere treten schlafend in den Winterschlaf ein, und vor dem Aufwachen schlafen sie tiefer als sonst. Schlafrhythmen faszinieren Vlad. Eine Studie zu europäischen Staren zeigt, dass sie im Winter täglich fünf Stunden länger schlafen als im Sommer. Vögel leiden, wie wir alle, unter Lichtverschmutzung. Fledermäuse schlafen fast durchgehend. Es schmerzt mich, dass der Gemeinderat in unserem Dorf vorgeschlagen hat, starke Flutlichtscheinwerfer auf dem Fußballplatz neben unserem Garten zu installieren. Ich denke an die Eulen und Fledermäuse und Teichlebewesen – und an Peggy, wo immer sie sein mag. Ein Nachbar kommt vorbei und äußert seine Anteilnahme; nach einem Hirntumor ist er aufs Land gezogen und hält den natürlichen Rhythmus von Tag und Nacht für eine der großen Tröstungen des Landlebens. Er fragt mich: »Werden wir die Sterne noch sehen können?«

Aber zurück zu den sibirischen Mäusen. Vlad sagt, dass diese Nagetiere, wenn sie längeren Dunkelphasen ausgesetzt seien, vom Schlaf in eine tiefe, komaähnliche Bewusstlosigkeit wechselten. Ihre Herzfrequenz sinkt von fünf bis sieben Schlägen pro Sekunde auf nur noch einen, ihre Hirnaktivität kommt fast zum Erliegen, und ihre Neuronen sind weniger aktiv. Eher wie unter Vollnarkose. Eine Frage ist, ob in diesem Zustand noch eine Reaktion auf äußere Einflüsse möglich ist. Würden Tiere im Winterschlaf beispielsweise bei einem Waldbrand die Gefahr wahrnehmen? Bewusstsein und Bewusstlosigkeit. Wachen und Schlafen. Leben und Tod.

Nach unserem Zoom-Gespräch schickt Vlad mir per E-Mail einige Links zu akademischen Quellen über Weltraummissionen und neurowissenschaftliche Erkenntnisse zu Hirnfunktionen nach einem Herzstillstand. Zum Schluss schreibt er: »Viel Glück mit deinem Igel-Projekt!«

Auch wenn ich einsehe, dass die Schwerpunkte unserer Arbeit etwas ungleich verteilt sind (schon allein deshalb, weil sich seine mit dem schwerelosen Raum beschäftigt), hebt sich meine Laune bei der Aussicht auf ein neues Igel-Kapitel. Ich bin auf dem Weg zur Insel Alderney, um die berühmten blonden Igel zu sehen, die gerade aus dem Winterschlaf erwachen. Die Igel von Alderney paaren sich etwas früher als die im kühleren Klima des britischen Festlands, und ich weiß, dass sie von Interesse sind, weil der bekannte Naturforscher Pat Morris sich mit ihnen beschäftigt hat. Ich finde seine Untersuchung in einer zoologischen Fachzeitschrift und schreibe seine Erkenntnisse ab:

Im Jahr 1989 ergab eine Befragung auf Alderney Hinweise auf hellbraune Igel. Wissenschaftlich werden sie »leuzistisch« genannt (was sich vom griechischen *leukós*, »weiß«, ableitet und die fehlende Pigmentierung eines Tiers bezeichnet); sie sind an ihren cremeweißen Stacheln, den schwarzen Augen und der rosafarbenen Haut zu erkennen. 67 Prozent der befragten Inselbewohner berichteten, sie hätten diese blonden Igel schon gesehen. Und interessanterweise hatte kein einziger der beobachteten Igel Flöhe. Das legt den Schluss nahe, dass die Igel auf die Insel eingeführt wurden, denn nur flohfreie Tiere durften importiert werden. Daraus ergab sich die folgende Überlegung: Leuzistische Igel sind in Großbritannien sehr ungewöhnlich. Auf Alderney gibt es keine Raubtiere (die Einwanderungsregeln sind für Tiere ebenso streng wie für Menschen), also kann die Blässe keine Überlebensstrategie sein. Warum also sind sie blond?

Der Bericht schließt mit der Anmerkung, dass die genetische Basis für die Färbung von Igeln unbekannt sei, aber dass Leuzismus möglicherweise von einem seltenen rezessiven Gen gesteuert werde:

> Diese Annahme ist konsistent mit den beobachteten Fakten: Helle Igel sind auf dem Festland selten, und bei den bekannten Auswilderungen auf Alderney handelte es sich durchweg um normal gefärbte Tiere. Aber falls eines von ihnen Träger dieses Gens war und es eine Rückkreuzung zwischen der F1-Generation (den ersten Nachkommen) und einem Elternteil gab, was in einer kleinen Anfangspopulation sehr wahrscheinlich ist, wären 25 Prozent der Nachkommen leuzistisch – genau der Anteil, der heute zu beobachten ist. Das ungleich verteilte und häufige Vorkommen leuzistischer Tiere in der Ge-

samtpopulation könnte Inzucht begünstigen und dazu beitragen, dass dieser hohe Anteil erhalten bleibt.

In einer räumlich eingegrenzten Population ohne Raubtiere könnte sich diese Situation fortsetzen; falls es aber zu weiteren Neuzugängen kommt oder die genetische Basis der Stachelfärbung komplexer sein sollte, könnte der Anteil heller Tiere auch sinken. Das Ziel dieses Beitrags ist es, die aktuelle Situation festzuhalten.

Das kleine Flugzeug holpert über die Landebahn zwischen gelben Ginsterteppichen und historischen Festungsanlagen an der Küste. Im 19. Jahrhundert war Alderney ein britischer Marinestützpunkt, um die Franzosen abzuwehren; im Zweiten Weltkrieg wurde es von den Deutschen besetzt. Wer diese Insel besucht, interessiert sich in der Regel sowohl für Vogelbeobachtung als auch für Bunkerbesichtigungen. Ein scharfer Wind rüttelt an unserem Taxi, als wir auf schmalen Kopfsteinpflasterstraßen pastellbunte Häuser passieren, auf dem Weg ins Zentrum von Saint Anne, der einzigen Stadt auf der Insel.

Es gibt eine altmodische Hauptstraße mit Buchhaltungs- und Anwaltsbüros, der Heilsarmee, dem Rotary Club und herrschaftlichen alten Gebäuden, außerdem von Wohltätigkeitsorganisationen betriebene Secondhandshops, Handarbeitsgeschäfte und ein Hotel namens »The Blonde Hedgehog«. Die Briefkästen sind hier blau, und auf den schmalen, von sonnengebräunten alten Herren in Blazern bevölkerten Bürgersteigen ertönt das Klacken von Spazierstöcken. Plaudernde Vogelfreunde tauschen sich über ihre neuesten Papageientaucher-Sichtungen aus. Rings um die im 19. Jahrhundert von John Le Mesurier, Sohn des letzten Gouverneurs von Alderney und Domherr der Kathedrale von Winchester, gestiftete Kirche blühen Primeln. Ich fühle mich wie in einem Sonntagabend-Fernsehkrimi. Es scheinen nie mehr als zwanzig Leute unterwegs zu sein, obwohl die Inselbevölkerung aus ungefähr zweitausend Menschen besteht.

Alderneys politische Historie und seine Naturgeschichte sind eng miteinander verwoben. Seit der Spätantike war die Insel stets besetzt und befestigt – vom römischen Vorposten bis zum Nazi-Bollwerk. Im Zweiten Weltkrieg wurden die Einheimischen evakuiert; die Deutschen brachten Zwangsarbeiter mit. Einige der Festungen wurden zu Privathäusern umgebaut, die aussehen wie aus der Fernsehserie *Succession*, aber die meisten sind Ruinen. In dieser steinigen, windgepeitschten Landschaft hat sich die Natur durchgesetzt. Eine Kolonie Schwalben ist eingetroffen. Möwen und Papageientaucher und Basstölpel nisten in den zerklüfteten Felsen. Überall gibt es Wildblumen und Insekten; tatsächlich kommen auf Alderney mehr Nachtfalterarten vor als irgendwo sonst auf den Britischen Inseln.

Am Küstenpfad leuchten Grasnelken und Strandflieder und Sandröschen, und über die Trockenmauern ergießen sich Kaskaden aus süß duftendem Steinkraut.

Der Leiter des Alderney Wildlife Trust, Roland Gauvain, ist ein ruhig sprechender Mittvierziger mit rotem Bart und Wikingergesicht. Seine Familie gehörte im Zweiten Weltkrieg zur Diaspora der ausgesiedelten Alderney-Bewohner, und er pendelt mit dem Segelboot zwischen der Insel und Poole Harbour an der Südküste Englands. Seine besondere Vorliebe gilt den Möwen, die seiner Ansicht nach oft zu negativ dargestellt werden. Er mag Igel, die er »charismatisch und niedlich« nennt, verschließt aber nicht die Augen vor ihren Missetaten. Seine Hightech-Nachtkameras haben schon Igel gefilmt, die Artgenossen auf die Straße schubsen. Er hat Beweise dafür, dass sie um die Eier der bodenbrütenden Sandregenpfeifer herumschleichen und sogar eines ihrer Küken gejagt haben.

Wenn Roland gerade nicht wissenschaftlich als Ökologe arbeitet, bietet er geführte Igel- und Fledermauswanderungen an. Seit dem Lockdown hat der Naturtourismus stark zugenommen; er führt das auf eine veränderte Wahrnehmung zurück. Die Superstars der Natur von Alderney sind die Papageientaucher und die blonden Igel. Roland bevorzugt zwar die wissenschaftliche Bezeichnung »leuzistisch«, aber die Läden und Restaurants wissen, was Naturtouristen mögen.

Tischsets und Türstopper mit blonden Igeln, das »Blonde Hedgehog Hotel« … Roland versucht, den Produzenten von Tierfilmen die Wunder der Meereshöhlen näherzubringen; ihm wäre es am liebsten, wenn die Igel nur als Aushängeschild für subtilere Naturschätze dienen würden, für außergewöhnlichere Tiere, Pflanzen und Pilze, aber er nimmt die Rolle der Publikumslieblinge pragmatisch hin.

Die überlieferte Geschichte ist etwas eigenartig. Wie Pat Morris in seiner Studie bemerkt, findet sich vor 1960 nirgends eine Erwähnung der blonden Igel. Sie wurden höchstwahrscheinlich vom europäischen Festland eingeführt. Die Inselfolklore behauptet, sie seien in einer Harrods-Tüte angekommen. Bevor 1976 das Artenschutzgesetz erlassen wurde, verkaufte das Londoner Kaufhaus tatsächlich Wildtiere wie Löwen, Elefanten und Alligatoren. Und auf jeden Fall führte es Igel. Insofern kamen die Igel wahrscheinlich als Haustiere nach Alderney und produzierten in ungefähr zwanzig Generationen der Inzucht das leuzistische Gen. Mir gefällt der Gedanke, dass Harrods-Igel zu vornehm für Flöhe sind. Dachse stellen keine Gefahr für sie dar, weil die Menschen auf Alderney die Wildtierpopulationen nach Gutdünken steuern. Also trotten die Igel von Alderney mit ihren cremeweiß-goldenen Stacheln unbehelligt von Raubtieren über die Insel.

Kim und ich verbringen den Tag mit einer Inseltour – eine etwas hochtrabende Bezeichnung für einen Sechs-Kilometer-Spaziergang – und sehen Schwalben vor den Klippen spielen, Lerchen hoch über dem Ginster emporsteigen und Basstölpel auf Felsen hocken, die von ihrem Guano ganz weiß sind.

In Saint Anne erinnern Schilder an berühmte Einwohner. In einem großen weißen Haus an einem Platz im Zentrum lebte T. H. White, der einen Roman über die Artuslegende schrieb. Sein Buch *Der König auf Camelot* handelt auch von der Welt der Natur und beschreibt auf unvergessliche Weise, wie es ist, nach Einbruch der Dunkelheit draußen im Wald zu schlafen:

> Der Junge [Wart] schlief gut in dem Waldnest, das er sich ausgesucht hatte; es war ein leichter, doch erholsamer Schlaf, wie ihn Menschen haben, die es nicht gewöhnt sind, im Freien zu schlafen. Zuerst tauchte er nur knapp unter die Schlaf-Oberfläche und trieb dahin wie ein Lachs in seichtem Gewässer, so dicht unter der Oberfläche, daß er wähnte, in der Luft zu sein. Er hielt sich für wach, als er bereits schlief. Er sah die Sterne über seinem Gesicht, die stumm und schlaflos um ihre Achsen wirbel-

ten; er sah die Blätter der Bäume, die vor ihm raschelten; und er hörte unscheinbare Veränderungen im Gras.

Nachdem Wart – der später als König Arthur jene brutale Kriegslogik, nach der die Macht immer im Recht ist, mit einem neuen Kodex der Ritterlichkeit herausfordern sollte – den Zauberer Merlin kennengelernt hat, lernt er, zu schwimmen wie ein Fisch und mit den Wildgänsen zu fliegen. Wart lässt sich vom Wind aus den Feuchtwiesen heben:

> Auf dieser ungeheuren formlosen Fläche lebte ein einziges Element: der Wind. Denn er war ein Element. Er war eine Dimension, eine Macht der Dunkelheit. (…) Horizontal, geräuschlos (von einem eigenartigen Dröhnen abgesehen), greifbar, *ad infinitum* – so strömte das verblüffende dimensionale Gewicht über den Schlamm. (…)
> Diesen Wind im Gesicht, hatte Wart das Gefühl, nicht erschaffen zu sein. Von der feuchten Festigkeit unter seinen schwimmhäutigen Füßen abgesehen, lebte er im Nichts, einem massiven Nichts, wie es das Chaos ist.

Der Aufstieg und Flug der Gänse stellt eine Art Fegefeuer dar, bis sie das »gewaltige, unbarmherzige Meer« erreichen. Ich denke an die Beschreibung, die mein Vater über die Kurzschnabelgänse verfasst hat, die er zu Tausenden abheben sah – und an die Metapher für den Tod, in die sich diese Begebenheit verwandelte, als ich sie bei seinem Begräbnis zu den Klängen von Sibelius' »Schwanenthema« vorlas.

Aber T. H. White lässt den Flug des »Gänsejungen« durch die Dunkelheit in schierer Pracht enden:

> Das Morgenrot, die Meeresdämmerung, die Meisterschaft geordneten Fliegens: all dies war von derart eindringlicher Schönheit, daß der Junge das Gefühl hatte, singen zu müssen. Eine Hymne an das Leben. Und da tausend Gänse um ihn her im Fluge waren, brauchte er nicht lange zu warten.

Die Gänse in T. H. Whites Welt mögen metaphysisch sein, aber Igel sind zum Essen da. Wart wird in einen Dachs verwandelt und bedroht einen Igel, der in einem Laubnest zu schlafen versucht.

> »Je mehr du kreischst«, sagte Wart, »desto mehr werd' ich knirschen. Du bringst mein Blut zum Kochen.«
> »Ui, Meister Grimbart«, rief der Igel und blieb fest zusammengerollt. »Guter Meister Grimbart, laßt einem armen Egel Gnade widerfahren un' seid nich' so tyrannisch. Wir sin' doch nichts zum Fressen, Meister. Laßt Gnade waltn, gütger Herr, mit'n harmlosn flohgestochnen Taglöhner, wo nich' rechts von links unnerscheidn kann.«

Alderneys berühmtester Schriftsteller versetzt dem Image des Igels einen ziemlichen Schlag. Ich frage mich, ob White, der 1964 starb, in seinem Wissen über Naturkunde Pat Morris etwas hinterherhinkte. Vielleicht hatte er nie etwas von den blonden Igeln von Alderney gesehen oder gehört.

Ich kann nicht glauben, dass Lebewesen, die so unwiderstehlich glamourös aussehen, unterwürfig und dumm sein sollen. Schönheit macht selbstgenügsam. Und ich bin begierig darauf, eines der Wundertiere zu sehen. Niemand kennt die genaue Größe der blonden Igelpopulation, auch wenn eine Zählung im Gange ist. Aber es müssen mehrere Hundert sein.

Ungefähr ein Dutzend Schaulustige trifft sich abends um acht in dicken Pullovern und Anoraks am Büro des Alderney Wildlife Trust, um am Igel- und Fledermausspaziergang teilzunehmen. Ein Paar zeigt auf seinem Telefon Fotos des Igels herum, den sie gerettet haben und zu Hause in Wales versorgen. Ich schaue die Bilder neidisch an und frage mich wieder, wo Peggy wohl stecken könnte. Dann folgen wir Roland zum Friedhof, um als Erstes nach Zwergfledermäusen zu suchen. Wir schwenken Ultraschalldetektoren über den Köpfen, um ihre Rufe einzufangen. Roland stellt uns unterhaltsame Fragen, um die Wartezeit zu überbrücken. »Welche fliegenden Säugetiere gibt es außer Fledermäusen noch?« Jemand ruft: »Flughörnchen!« – »Falsch! Die können nur kurze Strecken gleiten.«

Wir warten weiter. In der letzten Woche war es wärmer, und dieses Fleckchen Erde sah aus wie die Frühlingsausgabe einer Gartenzeitschrift, aber jetzt ist es wieder abgekühlt, und die Fledermäuse und Igel haben sich zurückgezogen. Eine Frau füllt die Stille mit einem empörten Monolog darüber, dass man Katzen ohne Genehmigung halten darf, obwohl sie solchen Schaden bei Wildtieren anrichten können. Dann zögert sie. »Aber ich will natürlich niemanden beleidigen …«

Plötzlich piepen unsere Apparate, und eine zarte Zwergfledermaus streicht mit ausgebreiteten Flughäuten dicht über unsere Köpfe hinweg. Dann weitere. Wir Anoraks strahlen einander in der Dunkelheit an. Danach folgen wir Roland, verlassen den Friedhof, gehen Seitenstraßen entlang und überqueren den Kricketplatz. Er erzählt noch ein wenig über den Leuzismus. »Eigentlich sollte man annehmen, die Färbung sei ein evolutionärer Nachteil, weil sie weniger Tarnung bietet«, sagt er, »aber sie macht die Igel auf der Straße besser sichtbar.«

Wir spähen über Steinmauern, suchen Straßenränder ab und passen auf, wo wir hintreten. Wahrscheinlich sehen wir aus wie eine Truppe von Sternsingern, die in der falschen Jahreszeit gelandet ist. Zuletzt führt Roland uns über eine Einfahrt und in einen privaten Garten. Das Haus gehört Igel-Fans, und er weiß, dass es dort eine Futterstation gibt. Er geht voraus und gibt uns ein Zeichen mit seiner Taschenlampe. Wir schleichen im Schatten über den Rasen … und da, im Scheinwerferlicht, erscheint die Marilyn Monroe der Igel, verführerisch blond, und trippelt anmutig vor der gemauerten Terrasse vorbei, bevor sie wieder in der Dunkelheit verschwindet. Ich sehe sie eine Minute lang, und jede Sekunde lohnt. Der Winter ist wahrhaftig vorbei – *the show must go on*.

10

*Freund und Feind: Dachs,
Hund und Mensch*

»So, wir gehören jetzt wohl alle ins Bett«, sagte der Dachs, erhob sich und holte kleine Leuchter. »Kommt mit, ich zeige euch eure Unterkunft. Und laßt euch morgen früh Zeit, das Frühstück läuft euch nicht davon.«
Er führte die zwei Tiere in ein weites Zimmer, das halb Schlafzimmer und halb Speicher zu sein schien, denn die eine Hälfte wurde durch die Wintervorräte des Dachses ausgefüllt: gestapelte Äpfel, Steckrüben und Kartoffeln, Körbe voller Nüsse und Honigtöpfe. Die zwei kleinen weißen Betten sahen weich und einladend aus; das Bettzeug, obzwar grob gewebt, war sauber und duftete

nach Lavendel. Und der Maulwurf und die Wasserratte fuhren wie der Blitz aus ihren Kleidern, um sich voller Freude und Genuss zwischen die Bettwäsche fallen zu lassen.

Der Dachs hatte ihnen eingeschärft nicht allzu früh aufzustehen und die erschöpften Tiere gehorchten. Am nächsten Morgen erschienen sie erst sehr spät zum Frühstück. In der Küche fanden sie ein loderndes Feuer vor sowie zwei junge Igel, die aus hölzernen Schalen Haferschleim aßen. Die Igel ließen bei ihrem Eintreten die Löffel fallen, erhoben sich und neigten ehrerbietig den Kopf.

»Setzt euch getrost wieder hin«, sagte die Ratte leutselig, »und esst euern Haferschleim. Was führt euch junge Leute her? Habt euch wohl im Schnee verlaufen, was?«

»Sie sagen es, gnädiger Herr«, antwortete der ältere der beiden Igel unterwürfig. »Ich und der kleine Billy wollten zur Schule ... die Mutter will's so haben, mag es stürmen oder schneien, und da haben wir uns natürlich verlaufen, gnädiger Herr, und Billy bekam Angst und weinte, weil er noch so klein und unselbständig ist, und schließlich kamen wir zur Hintertür von Herrn Dachs und wir waren so frei und klopften einfach an, denn der Herr Dachs ist ein mildtätiger Herr, das weiß ein jeder, und ...«

Der Wind in den Weiden ist der literarische Ausdruck einer Liebe zur englischen Natur, wie sie Stephanie Holt vom Naturhistorischen Museum, der Igel-Experte Hugh Warwick und alle anderen Igel-Freunde und -Freundinnen empfinden. Es ist eine Geschichte über Heim und Herd, über Speck zum Frühstück und Buttertoast vor dem Kamin am Nachmittag und über die Hierarchien unter den Wildtieren, wobei Dachse für die Respekt einflößenden Rotary-Club-Patriarchen stehen. Hm. Aber was wäre wirklich passiert, wenn zwei junge Igel in den Winterschlafmonaten vor der Höhle eines Dachses aufgetaucht wären? Hätten sie wohl Haferschleim bekommen? Oder wären sie auf den Rücken gedreht und ausgeweidet worden?

T. H. White kommt der Wahrheit wahrscheinlich näher: »Dachse gehören zu den ganz wenigen Tieren, die einen Igel unbekümmert verzehren können, wie sie auch alles andere verputzen: von Wespennestern über Wurzeln bis zu Jungkaninchen.«

Eigentlich seltsam, dass ich in dem Fragebogen für Peggys Auswilderung nicht angeben musste, ob es in der Nachbarschaft Dachse gibt. Ich wurde nach dem Lebensraum in unserem Garten gefragt, nach meiner Einstellung und danach, ob ich einen Hund besitze. Der Lockdown hat uns wieder zu einer Nation von Hundebesitzern gemacht.

Obwohl Stacheln natürlich zarte neugierige Nasen abschrecken, können Hunde Igel anbellen, umkreisen oder jagen und ihnen ganz generell sehr lästig fallen. Aber anscheinend können die beiden trotzdem Freunde werden.

Meine igelbegeisterte Freundin Jane Byam Shaw hat mir erzählt, sie habe etwas über Hunde in Wales gelesen, die darauf abgerichtet würden, Igel zu finden und zu beschützen. Und so bin ich durch die grünen Hügel von Wales nach Wrexham gefahren, um den Igel-Spürhund Henry, einen English Springer Spaniel, und seine Trainerin Louise Wilson kennenzulernen.

Beide sind Naturgewalten. Louise ist um die vierzig,

warmherzig, sexy, furchtlos, blond und spricht mit dem kehligen nordenglischen Akzent von Wigan. Sie scheint ins Freie zu gehören, aber wir setzen uns ins Obergeschoss einer Scheune, um die Firmenpräsentation ihrer Spürhundagentur »K9« anzusehen. Louise hat an der Universität Chester Verhaltensbiologie studiert und danach eine Marktchance entdeckt: die Ausbildung von Spürhunden für Drogen und Sprengstoff. In ihrem Lebenslauf ist von Kriegsgebieten und vom britischen Zoll die Rede. Sie lebt in einer Welt der Gerüche, allerdings mittlerweile eher dem von Otterkot als dem von Heroin.

Auch Henry, der Igel-Sucher, hat eine ungewöhnliche Biografie. Er war aus fünf Haushalten hinausgeworfen worden, als Louise ihn im Tierheim entdeckte. Um Spürhund zu werden, braucht man besondere Qualitäten. Hunde werden in der Regel, genau wie Kinder, zu Gehorsam und Wohlverhalten erzogen. Aber Louise und ihr entspannter Partner Kevin sagen: »Bei uns dürfen sie einfach Hunde sein.« Louise will Energie, Dynamik, Neugier, Intelligenz. »Wir suchen nach bewusstem Ungehorsam.«

Interessanterweise haben die »hundehaftesten« Tiere keinen Raubtierinstinkt. Manche Rassen eignen sich besser für die Arbeit als andere. Cocker- oder Springer Spaniels und Labradore schneiden sehr gut ab, mit Ausnahme der »Chocolate Labradors«, die sich genetisch in eine etwas weniger »hundeartige« Richtung entwickelt haben. Das Gleiche gilt für die modischen neuen Rassen, die während des Lockdowns so beliebt waren. »Cockapoo?« Kevin verschränkt die Arme und seufzt.

Louise zeigt mir ein Bild von einem überaus hundeartigen Spaniel, der auf ihren Küchenschränken herumklettert, und lächelt nachsichtig. Als sich ihr sechsjähriger Sohn darüber beschwert, dass einer ihrer zwölf Hunde eines seiner Spielzeuge kaputt gemacht habe, fragt sie ihn, was er erwarte, wenn er seine Sachen herumliegen lasse.

Als ich Henry kennenlerne, ist er so überdreht, dass es ans Manische grenzt. Louise kann ihn kaum an der Leine halten, was, wie sie sagt, eine seiner Tugenden ist. Sobald sie ihn losmacht, schießt er über das Trainingsgelände aus Bänken, Heuballen und einem Parcours aus verschiedenen Hindernissen. Aber es ist keine ziellose gute Laune. Er folgt stets seiner Nase. Auf einem Tisch stehen zwei Schachteln mit Igelhäuten, und es dauert ungefähr zehn Sekunden, bis er neben ihnen stehen bleibt. Louise erzählt, sie und Kevin würden sich nicht mit Kommandos aufhalten, und Henry brauche auch keine.

Und dennoch – wenn Henry ein Igelnest findet, ist er sanft und ruhig; er zeigt nur an, wo es liegt, um den Naturschützern zu helfen. Seit Louise mit ihrer Agentur nicht mehr auf Waffen, Drogen und »Illegale« – womit sie blinde Passagiere meint – spezialisiert ist, sondern auf Wildtiere, hat sich eine ganz neue Welt von Gerüchen und anderen Indizien aufgetan. In der Zusammenarbeit mit Polizei und Militär wurde sie als gleichwertig anerkannt, während Naturforscher wegen ihrer fehlenden akademischen Titel eher misstrauisch waren. Wie Beatrix Potter musste sie sich erst bewähren. Inzwischen hat sie Spaß daran, einen Springer Spaniel auf der Suche nach Wassertieren mit einem SUP-Board über schlammige Flüsse zu bugsieren. Kevin kennt sich dafür mit Ratten und Fledermäusen aus. Er spielte auf dem Polarforschungsschiff *Sir David Attenborough* vor dessen Aufbruch in die Antarktis den Rattenfänger von Hameln. Heute untersucht er, welche Auswirkungen der Bau von Windrädern auf Fledermäuse hat. Louises und Kevins Liste von Wildtieren wird immer länger: Kammmolche, Baummarder sowie – international – Geparden, Elefanten, Wölfe und Bären. »Aber um ehrlich zu sein«, sagt sie verträumt, »würde ich wirklich gern mit Schimpansen arbeiten.«

Mittlerweile hat Louise ein Faible für die ordentlich angelegten Nester von Hasel- und Schermäusen mit ihren Rampen und gewebten Schlafplätzen entwickelt. Ihr Spürhund Hettie findet Schermäuse durch das Erschnüffeln ihrer selbst gebauten Futterstellen, die sie gern mit Blick auf den Sonnenuntergang anlegen.

Henry wiederum erwies sich als der perfekte Igel-Hund. Er braucht viel Platz, und Igel sind in großen Revieren unterwegs. Es hat keinen Sinn, Henry in kleine Räume oder Container zu sperren und nach Sprengstoff suchen zu lassen. Außerdem ist er darauf abgerichtet, Belohnungen zu erwarten, insbesondere seinen Lieblingsball. Hunde, die Bomben und Sprengstoff suchen, dürfen nicht in Erwartung von Gegenleistungen herumtrödeln – sie müssen ein selbstgenügsameres Temperament mitbringen.

Vom Gestank der Igel lässt sich Henry ebenso wenig stören wie von den Flöhen, die sich gerne um sie sammeln. Louise ist stolz auf seine Fähigkeit, den Kot bedrohter Arten zu finden. »Die perfekte Kacke, superfrisch.«

Und er sucht ebenso gerne nachts wie tagsüber. Sein Geruchssinn ist 100 000-mal schärfer als der eines Menschen.

Die Arbeitsumgebung ist subtil und komplex. Drogen und Sprengstoffe zeichnen sich dadurch aus, dass sie nicht in ihre Umgebung passen. Aber Igel sind Teil eines reichen, wundersamen Ökosystems. Es gibt zahlreiche sich überlagernde Gerüche, die alle an diesen Ort gehören. Ich frage nach der Rolle der Dachse. »Dachse sind nur dann eine Gefahr, wenn sie aus ihrem Lebensraum vertrieben worden sind«, antwortet Louise entschieden.

Wenn Menschen der Natur Raum lassen, kann alles koexistieren. Ob es nun Henry zu verdanken ist oder nicht – die Igelpopulation ihrer Heimatgegend in Wales wächst. Die Zählungen orientieren sich weitgehend an überfahrenen Tieren, und auf den bergigen Straßen sind zahlreiche zerquetschte Igel zu sehen.

Minister Zac Goldsmith teilt Louises Ansicht zum Verhältnis von Igeln und Dachsen: Wenn man um die gleichen Ressourcen kämpft, brechen Beziehungen zusammen. Er sieht eine Art Gleichgewicht: »Wir wissen, dass es in Gegenden mit relativ vielen Dachsen weniger Igel gibt, wenn alle übrigen Umstände gleich sind – Vegetation, Nahrungsangebot, eine ausgeglichene Population. Wir haben nicht plötzlich Dachse nach Großbritannien eingeführt, und ich weiß auch nicht, wie viele Dachse es gibt, aber die Igelbestände sind zusammengebrochen, und zwar nicht proportional zur Vermehrung der Dachse. In einer kahlen, von Dachsen dominierten Landschaft wird es keine Igel geben, aber das Ausrotten der Dachse ist keine Lösung.

Trockenperioden sind nichts Neues. Vielleicht sind sie extremer geworden, aber die Natur hat schon seit Urzeiten mit ihnen zu tun. Wo Erde, Pflanzen und Bäume gedeihen dürfen, hält sich die Feuchtigkeit länger als in Rasen-Monokulturen. Die Veränderungen, die den Igeln zusetzen, wären in einem gesunden Ökosystem leichter zu verkraften.«

Und wie schaffen wir das?

Zac erzählt noch einmal von den Umwandlungsaktionen des igelbegeisterten Juweliers in Barnes, und so beschließe ich, diesen zu besuchen. Ich setze mich ans Fenster eines Cafés in der Rocks Lane und sehe den Spielern zu, die auf der Grünfläche gegenüber in klammer weißer Kleidung ein Kricketmatch absolvieren. Nebenher halte ich Ausschau nach einem Exzentriker. Aber dann taucht eine lässige, in Leinen gekleidete Gestalt aus dem Nieselregen auf und tritt ein. Nur an seinem Jackett ist ein verräterisches kleines Igel-Abzeichen zu sehen.

Wie kommt es, dass ein Gemmologe, der millionenteure Diamanten an die Oligarchen dieser Welt verkauft, so in Igel vernarrt ist? Michel, der mittlerweile über sechzig ist, erzählt aus seinem Leben. Von einer Kindheit in Belgisch-Kongo, wo seine Eltern eine Kaffeeplantage besaßen, und von der Erziehung in einer Nonnenschule in Montreal, nachdem der Kongo 1960 unabhängig wurde. Dann machte er eine Ausbildung zum Gemmologen, in der Hoffnung auf die Schätze des Lebens, »Geld und Frauen«. Diamanten sind eine universale Währung, wenn es um Verführung geht.

In den 1980ern kam er nach Großbritannien und ließ sich mit seiner britischen Ehefrau dort nieder. Er verliebte sich zum zweiten Mal, als sein Hund vor ungefähr zehn Jahren einen Igel in seinem Garten in Barnes ausgrub. Er war sowohl vernarrt als auch darüber verärgert, dass Igel nicht intensiver geschützt und verehrt werden. »Warum sind sie nicht auf den Briefmarken abgebildet?«, fragt er. »Sie sollten unser nationales Symbol sein!«

Als er überlegte, was er tun könnte, wurde ihm klar, dass

Löcher in Zäunen und Mauern die Igel retten würden. Also klopfte er bei seinen Nachbarn an, und als geborener Kaufmann mit einem Auge für Kunst entwarf er Plakate und Igel-Anstecker, um das dörfliche Barnes zum Handeln zu bewegen.

»Manche Leute haben die Plakate behalten«, erzählt er mit beiläufigem Stolz.

Er bot an, die Löcher kostenlos zu bohren, und überredete seinen Elektriker dazu, ihm zu helfen. Zusammen brachten sie tausend Igel-Löcher an.

Die große Befreiung von Barnes hat die Igel gerettet, aber Michel sagt, die Igel-Wege seien keine Einbahnstraße gewesen: »Sie waren auch meine Rettung.«

Sein Beruf, das Veräußern millionenteurer Juwelen, auch an russische Satellitenstaaten, gab ihm das Gefühl, seine Seele zu verkaufen. »Es waren die Igel«, erzählt er, »die mein Menschenbild verändert haben.« Er eroberte seine Seele zurück.

Praktisch gesprochen, bohrt er Löcher für Igel. Philosophisch gesehen, versucht er, wie er sagt, »eine Verbindung zwischen Igeln und Menschheit zu schaffen«.

Und diese Verbindung existiert. In Barnes lebt ein Kronanwalt, der ihn manchmal verzweifelt abends um elf anruft, weil seine Igel nicht an der Futterstation aufgetaucht sind. Das Erscheinen der Igel stellt für ihn mittlerweile ein Urteil über seine Lebensweise dar.

Michel hat im Lauf seines polyglotten Lebens beobachtet, dass die Menschen Gefühle leichter akzeptieren, wenn diese keine persönlichen Opfer oder Unbequemlichkeiten mit sich bringen. »Warum lieben die Leute Frau Tiggy-Wiggel, legen aber Plastikrasen in ihren Garten?«, fragt er.

Das Besondere, das Hier und Jetzt, sei ebenso wichtig wie das Allgemeinwohl.

Er erzählt mir eine traurige Geschichte über seinen Vater, einen Auschwitz-Überlebenden, dem eine Nummer in den Arm gestochen wurde. Mit 90 zog er in ein Pflegeheim, und niemand sprach ihn auf die Nummer an. »Alle wissen von Auschwitz, Leute reisen hin, um es zu sehen. Aber der Mann im Heim ist ihnen egal. Er war nur ein alter Mensch, der starb.«

Einfach Verbindungen schaffen. Michel spricht über das Rätsel der Menschheit und der Natur – und darüber, wie gefährlich es ist, ein wichtiges Teilchen zu entfernen. Den Igel. »Die Menschen müssen Verantwortung übernehmen. Ich muss einen Weg finden, Igel und Menschen miteinander zu verbinden. Das ist wirklich alles, was ich will.«

Wir müssen den Menschen irgendwie das Gefühl geben, dass sie ein Teil der Natur sind und nicht die Aufgabe haben, diese zu erobern. Mir fällt die Formel aus dem kirchlichen Bestattungsritus ein: »Von Erde bist du genommen, und zu Erde sollst du werden. Erde zu Erde, Asche zu Asche, Staub zu Staub.«

Zwei Tage später komme ich wieder nach Hause, und wir verstreuen die Asche meines Vaters in der Nähe, an einem Ort in Norfolk, den er liebte: unter einem Baum, in dem einmal Triele ihr Nest gebaut hatten, im Garten des Hauses, in dem mein Enkel Billy mit seinen Eltern – meinem Sohn Henry und dessen Frau Anna – lebt.

Die Familie wohnt direkt neben einem Areal, das dem Verteidigungsministerium gehört, was bedeutet, dass es nicht bebaut wird und die Natur ungestört bleibt. In einem

Kreidefluss leben Forellen und Fischotter, und in den rauschenden Baumkronen zwitschern die Vögel wie kichernde Kinder in der Schulpause.

Mein Sohn gräbt mit Billy ein Loch unter einem Tulpenbaum mit frischem gelbgrünem Laub, umgeben von Hasenglöckchen und wilden Gräsern, und wir streuen Noels Asche hinein, die aussieht wie grauer Sand, zusammen mit einigen Rosmarinzweigen zur Erinnerung. Mein Bruder entzündet eine Kerze, die trotz des leichten Regens und sanfter Windböen ganz herunterbrennt.

Ein paarmal flackert sie, aber sie gibt nicht auf. Ich frage mich, ob mein Vater bei seinem Übergang vom Leben zum Tod eine solche Flamme sah.

Nachdem wir die Asche verstreut haben, hören wir über uns einen vertrauten, unheimlichen Ruf, und drei Wildgänse gleiten in Reihe flügelschlagend über uns hinweg. Eine Luftparade. Wahrlich, wir übergeben diesen Leib der Erde. Mein Vater glaubte an die Natur als Verkörperung des Göttlichen, und hier liegt er, als Teil der Schöpfung. Erde zu Erde.

11

Krieg und Frieden

Mein ehemaliger BBC-Kollege Frank Gardner spricht in der *Today*-Sendung über Militärmanöver, die Estland durchführt, um sich und andere kleine Nachbarländer vor russischen Angriffen zu schützen. Die Übung heißt »Operation Igel«. Frank sagt, das sei ein niedlicher Name für eine Waffenparade, aber genau das ist ja der Reiz.

Inzwischen weiß ich, warum ich Igel so gerne mag. Aus gutem Grund waren sie ein Symbol der NATO: Sie sind erfinderisch und selbstgenügsam und friedlich – aber sie verteidigen sich, wenn sie angegriffen werden. Sie sind nur wenige, aber sie geben nicht auf. Sie sind Überlebende.

Es gibt auch eine natürliche europäische Allianz der Igel. Britische Igel gehören zur Spezies *Erinaceus europaeus*, genau wie die Igel auf dem europäischen Festland, und igelbegeisterte Länder teilen meist noch weitere Werte.

In seiner Regierungserklärung zu Sicherheit, Verteidigung, Entwicklung und Außenpolitik formulierte der wenig später abgesetzte Premierminister Boris Johnson die Position Großbritanniens: »Wir werden Offenheit für die Welt, Freiheit zum Beschreiten unseres eigenen Wegs und die Segnungen eines globalen Netzwerks von Freunden und Partnern haben.« Klingt wie die ideale Welt für Igel.

In der Ukraine patrouillieren zur gleichen Zeit Freiwillige durch Irpin, einen Pendlervorort an der Stadtgrenze von Kiew. Als Moskau seinen Angriff startete, taten sich Nachbarn zusammen, mit allen Waffen, die sie finden konnten. Die Männer tragen Spitznamen wie »Hulk«, »Dobermann« und »Bart«. Ihre improvisierte Einheit haben sie »die Igel« getauft – wegen ihrer Strategie, ihr Wohnviertel so kratzbürstig zu machen, dass die Russen jede Berührung meiden.

Derzeit trainieren die Igel, um mit den lokalen Verteidigungstruppen gen Osten zu ziehen. Hulk erklärt: »Wir verteidigen unser Land. Wir waren nicht diejenigen, die in ein fremdes Land einmarschiert sind, das ist wichtig. Sie sind hierhergekommen und töten unsere Frauen und Kinder. Deshalb sind wir bereit, zu kämpfen und uns zu verteidigen bis zum letzten Mann.«

Wir stellen uns eine Frage, die wir nicht laut aussprechen: Werden die tapferen Igel in der Lage sein, zu gewinnen?

In seinem Buch *The Hedgehog, the Fox, and the Magister's Pox* (»Der Igel, der Fuchs und die Pocken des Magisters«) ruft Stephen Jay Gould eher zur Versöhnung als zur Spaltung auf. Der Fuchs UND der Igel. Aber wenn man sich entscheiden müsste, wäre der Igel im Vorteil, weil er in Zeiten der Gefahr über einen moralischen Kompass verfügt. Der Fuchs ist gerissen, wird aber oft erwischt, beispielsweise bei einer Jagd. Der Igel bleibt dagegen meist ungeschoren. »Wenn wir Schläge an uns abprallen lassen, unser Bauchgefühl innerer Integrität bewahren und die Stacheln hoch aufgerichtet halten, können wir nicht verlieren«, schreibt Gould.

Im Fall von Russland und der Ukraine steht dem Igel allerdings kein Fuchs, sondern ein Bär gegenüber, und ich bete darum, dass es genügt, wenn der Igel die Stirn runzelt und sich zu einem Ball zusammenrollt. Wehrhaft, aber niemals angriffslustig. Wie Hulk es ausdrückte: »Wir waren nicht diejenigen, die in ein fremdes Land einmarschiert sind.«

Auf Youtube schaue ich mir einen sowjetischen Zeichentrickfilm von 1975 an; er heißt *Der Igel im Nebel*. Die Handlung ist ebenso märchenhaft wie weltpolitisch: Der Igel macht sich auf den Weg zu seinem Freund, dem kleinen Bären. Jeden Abend treffen sich die beiden, um Tee zu trinken und die Sterne zu zählen. Heute Abend hat der Igel dem Bären Himbeermarmelade mitgebracht. Während er durch den Wald geht, sieht er ein wunderschönes weißes Pferd, das danach im dichten Nebel verschwindet. Neugierig beginnt der Igel, den Nebel zu erkunden, und verirrt sich. Nach einigen traumartigen Sequenzen trifft er auf den Bären, der ihn gesucht hat. Die beiden Freunde sitzen am Feuer, trinken Tee und betrachten die Sterne.

Niemand erwartet, dass der Krieg damit enden wird, dass Igel und Bär am Feuer sitzend Tee trinken. Ich denke noch einmal an meinen Besuch in der Beatrix-Potter-Ausstellung im Victoria and Albert Museum zurück, an dem Tag, an dem Putin seinen Krieg gegen die Ukraine begann, kurz nach dem Tod meines Vaters. Es war, als hätte sich Dunkelheit über die Welt herabgesenkt.

Der Wiederaufbau der privaten und öffentlichen Welten muss irgendwo anfangen.

Die Philosophie nutzt den Igel als Metapher. Dem britischen Nationalschatz Hugh Warwick, den ich dank Jane Byam Shaw kennengelernt habe, dient er als Trojanisches Pferd. Wie inzwischen klar geworden sein dürfte, ist Hugh – Autor, Stand-up-Comedian und Social-Media-Star – schon sein Leben lang ein Freund der Igel. Er lebt die »Igel-Werte«, für die Erzbischof Rowan Williams eintritt. Mit seinem rot-grauen Haar und Bart sieht er ein wenig wie ein Hobbit aus, freundlich, muskulös und stämmig.

Sein Haus mit Garten am Stadtrand von Oxford hat etwas Höhlenartiges – Bücherstapel, unzählige Blumentöpfe. Obwohl er den Igeln sein Leben verschrieben hat, ist keiner von ihnen je in seinem Garten aufgetaucht. Das Haus liegt in einem Stadtgebiet, dessen Gestaltung nicht igelfreundlich ist.

Als Ökologe hat Hugh sehr entschiedene Ansichten darüber, wie viel besser die Gesellschaft funktionieren könnte, wenn sie besser auf die Natur achtgeben würde. Dennoch hält er keine Predigten, weil er gemerkt hat, dass es viel effizienter ist, über Igel zu plaudern. Er war schon bei Protestveranstaltungen, wo er das Sicherheitspersonal – emotional, nicht körperlich – entwaffnete, indem er lustige Fakten über Igel erzählte.

Auf Partys freuen sich Wildfremde, wenn sie mit ihm über Igel sprechen können. Schließlich wird der Igel immer wieder zum Lieblingstier der Briten gewählt. Hugh sagt: »Igel sind so britisch. Wir mögen unsere Nachbarn nicht besonders und bleiben lieber für uns. Am liebsten würden wir den ganzen Winter über schlafen. Stellen Sie sich mal vor, wie gut das für die Umwelt wäre!«

Er hat auch einen Igel-Sketch im Programm, eine Art heimliche Revolution. Seine Bühnen sind Frauenvereinigungen oder Rentnerclubs. Politik muss er gar nicht erwähnen; er beschreibt einfach das Leben der Igel: ihre friedliche Koexistenz mit den Menschen, ihre uralte Geschichte, die Art, wie sie ländliche und städtische Gebiete verbinden, Gärten und Felder. Einfach Verbindungen schaffen.

Der emotionale Reiz der Igel ist mit Kindheitserinnerungen verbunden.

Hugh vermutet, dass der Igel das Wildtier ist, das am häufigsten in Kinderbüchern vorkommt, und ältere Menschen erinnern sich noch an die Zeit, in der es viele Igel gab. Er sagt: »Sie sind niedlich, ein bisschen einfältig und das einzige stachelige Säugetier, das bei uns vorkommt. Man benutzt etwas Kleines, um große Geschichten zu erzählen.«

Die große Geschichte ist, dass eine igelfreundliche Umwelt ein Anzeichen für Harmonie mit der Natur darstellt; das Fehlen von Igeln zeigt, dass das Land aus den Fugen geraten ist.

Beispielsweise bestätigt Hugh, dass die Dachspopulation in Gegenden angestiegen ist, in denen Igel gut gedeihen, wie im Südwesten Englands. Wenn Dachse keine Futterquellen finden, wandern sie in die Reviere der Igel ein. Und wir wissen, dass Stirnrunzeln und Zusammenrollen keine Verteidigung gegen Dachse darstellen.

Aber inzwischen nutzt Hugh die Igel aus einem anderen Motiv: rationalem Realismus. Wie Stephen Jay Gould hat er genug von Gegensätzen und Dichotomien und Interessengruppen. Daher ist der große Igelschützer bereit zuzugeben, dass es manchmal nötig ist, Igel im Interesse des Allgemeinwohls zu töten.

Die Orkneyinseln sind ein berühmtes Beispiel. Man kann Igel lieben, bis sie anfangen, die Eier – und Küken – von Küstenseeschwalben zu fressen. Zufällig befasst sich Hugh Warwicks Examensarbeit von 1986 mit dem Bestand von Igeln auf den Orkneys und mit den Auswirkungen, die sie für die Vogelwelt auf den Inseln hatten. Das war der Beginn seines Lebenswerks, eine igelfreundliche Welt zu schaffen, und das Anerkennen von darwinistischen Konflikten und Prinzipien der Koexistenz gehörte dazu.

Im Jahr 2004 berichteten die Medien über Igel-Tötungen auf den Hebriden, und Hughs Studien wurden als wissenschaftliches Pro-Argument zitiert. Dabei hatte Hugh gar nicht für das Töten von Igeln plädiert, jedenfalls nicht in Großbritannien, sondern eher für Umsiedlungsaktionen. »Das war kein wissenschaftliches Problem, sondern eines der Kommunikation«, sagt er reumütig.

Sein nächstes Buch wird keine Wohlfühllektüre über Igel sein wie das erste, *A Prickly Affair*. Es wird ein dickes, schwieriges Buch über die Komplexität der Ökologie. Mehr Kopf als Herz.

Ich versuche immer noch, diese Balance zu finden. Was ich nicht erwartet hatte, ist dieses ungläubige Gefühl angesichts des Verlusts – der Unmöglichkeit, meinem Vater von all diesen naturkundlichen Argumenten zu erzählen, die ihn so interessiert hätten. Ein lebenslanges Gespräch wird zum Monolog.

Gleichzeitig habe ich meinen Wert als Konsumentin eingebüßt. Die übliche Reklameflut zum Vatertag gerät ins Stocken; Geschenkartikelhändler schicken mir Mails, in denen sie fragen, ob ich lieber nicht mehr von ihnen hören möchte. Anscheinend verschreckt man die Datensammler, wenn man online zum Thema Särge recherchiert.

Meine Mutter kann sich noch nicht dazu überwinden, in das Haus zurückzukehren, das sie mit meinem Vater geteilt hat. Alles ist noch genau wie an dem Tag, als er das Krankenhaus verließ und mit ihr im Pflegeheim ankam. Neben dem Sessel meines Vaters liegt sein Bücherstapel, mit Postkarten von alten Freunden als Lesezeichen. Die Bücher sind eine Mischung aus Lyrik und anderen Genres, die er mochte. *Ships of Heaven* von Christopher Somerville (über britische Kathedralen), *Last Days in Old Europe* von Richard Bassett (Erlebnisse aus dem Ostblock), *Gather the Fragments* von Alan Ecclestone (eine Essaysammlung).

Es liegen auch ein paar gebundene Bücher über Politik und Geschichte dazwischen, die ich ihm geschenkt habe; ich vermute, er hat sie nicht zu Ende gelesen. Und frisch publizierte Bücher, die er nicht mehr anfangen konnte, wie Antony Beevors Buch über Russland.

In seinem Arbeitszimmer liegen sorgfältige Listen mit Lebensmittelbestellungen, die Kim und ich jede Woche abarbeiteten. Wir verdrehten die Augen über seine Sparsamkeit – »eine Karotte, eine Grapefruit« – und seinen generationstypischen Geschmack bei Süßem – »Himbeerbiskuit, Milch-Toffees«. Seine Handschrift sieht aus wie ein Notenblatt, mit kleinen Schnörkeln wie bei Achtelnoten und doppelten Taktstrichen. Er schrieb alles auf, vor allem gegen Ende. An seinem Radio klebt ein Notizzettel: »BBC 3: 91,95, BBC 4: 94,0«. Mit Listen und Hartnäckigkeit kämpfte er gegen seinen Niedergang.

Normalerweise hätten wir ihn und meine Mutter im Sommer nach Cornwall mitgenommen, aber davon spricht jetzt niemand mehr. Stattdessen fahren Kim und ich zu zweit auf die Hebriden. Ferngläser einzupacken und Vögel zu beobachten, ist die beste Hommage an meinen Vater, die ich mir vorstellen kann. Dass ich ihn nicht sehen kann, bedeutet noch lange nicht, dass er nicht da ist.

Der Sound of Mull ist kohlengrau und kabbelig. Diese Meerenge ist U-Boot-Gebiet, dunkel und tief und tödlich. Wir buchen eine Schiffstour und fahren hinaus, um Schweinswale zu beobachten, aber der Wellengang im Nordatlantik ist zu stark, und so kehren wir wieder um. Dem Kapitän fällt stattdessen ein halb verdeckter Umriss in den Kiefernwipfeln auf. Das Wesen offenbart sich erst, als es seine riesigen Schwingen ausbreitet und zu den Möwen hinuntergleitet – ein Seeadler. Der prächtige Vogel agiert wie eine Drohne und nimmt sich, was er sieht. Auf dem Waldboden und den Felsvorsprüngen sind die Skelette kleiner Säugetiere verstreut, darunter, so leid es mir tut, auch Igel.

Krieg und Frieden, Leben und Tod müssen nebeneinander bestehen. Ein abblätterndes, freundlich aussehendes Ruderboot, das in Craignure auf der Isle of Mull vertäut ist, trägt den Namen *Lethal Weapon*. Es wurde getauft, bevor wir uns dank Russland an Typ-54-Pistolen, Sturmgewehre, Granatwerfer, Maschinenpistolen, Flammenwerfer, selbstfahrende Mörser und Panzer gewöhnten.

Auf dieser Insel der Farne, Wasserfälle, Adler und Fischotter – und der *Hebriden*-Ouvertüre von Felix Mendelssohn Bartholdy – herrscht die Ordnung der Natur. Wir schauen hinüber zur Nachbarinsel Iona, als sich die felsgrauen Regenwolken heben und das Kloster enthüllen. Im 6. Jahrhundert kamen die ersten Mönche aus Irland mit ihren hohen keltischen Kreuzen hierher, angeführt von dem Missionar Columban, der Durchhaltevermögen bewies und bis zu seinem Tod auf Iona lebte. In einer zeitgenössischen Biografie heißt es, »der Ort, an dem seine Gebeine ruhen, wird immer noch von himmlischem Licht und zahlreichen Engeln besucht«.

Am Tor zum westlichen Bereich von Iona Abbey nisten Schwalben. Die Eltern fliegen hin und zurück, sie ignorieren das menschliche Publikum. Der Riss in der Mauer ist ihr Heim, und die Jungen sind fröhlich und unersättlich.

Es ist ein friedlicher Platz, ein spiritueller Rückzugsort für Menschen mit oder ohne Glauben aller Art. Selbst die politischen Stürme legen sich hier. Während in Westminster zahlreiche Kabinettsmitglieder aus Protest gegen die chaotischen Arbeitsmethoden und permanenten Unwahrheiten des Premierministers zurücktreten, besuche ich das Grab von John Smith, dem schottischen Labour-Parteiführer, der 1994 mit 56 Jahren an einem Herzinfarkt starb. Vielleicht ein schwerer Verlust – er wäre ein möglicher Premierminister gewesen.

Die Inschrift in mönchisch zarten goldenen Buchstaben, auf einem schlichten Felsbrocken im Gras neben dem Kloster, spricht für Redlichkeit: »Ein ehrlicher Mensch ist das edelste Werk Gottes«.

Letzten Endes bestand John Smiths Leistung eher aus Ehrlichkeit als aus hektischer Dramatik. Mehr Igel als Fuchs. Er ruht weit entfernt von Westminster, wo Boris Johnson als Anhänger eines heroischen Geschichtsbilds weiterhin im altrömischen Stil kämpft. Allerdings scheint Johnson die philosophische Wahrheit der Fruchtlosigkeit aller Ambition verstanden zu haben; vor dem Untersuchungsausschuss sagt er: »Alles Fleisch ist Gras.«

Am folgenden Tag tritt er zurück, mit der Bemerkung: »Die Herde ist mächtig, und wenn sie weiterzieht, zieht sie weiter.«

Er beschwört ein Bild der afrikanischen Savannen und Flussdurchquerungen herauf und sieht sich selbst als eine der großen Kreaturen. Raubtiere gibt es in verschiedener Gestalt, oft auch in menschlicher.

Von Iona aus nehmen wir die Fähre zur Insel Uist, wo meine unheroische Mission darin besteht, in Hugh Warwicks Fußstapfen zu treten und herauszufinden, ob sich Igel immer durchsetzen oder ob auch sie den größeren Plänen der Schöpfung unterworfen sind.

Die Umsiedlung der Igel aufs Festland war noch nicht hundertprozentig erfolgreich, aber sie wird fortgesetzt. Der darwinistische Kampf ums Überleben, den Boris Johnson in Westminster sarkastisch verfolgt, findet hier buchstäblich statt.

Die Einführung einer neuen Art in ein Ökosystem ohne Raubtiere schafft Chaos. Die ortsansässigen Bauern betrachten sogar die wunderschönen Seeadler mit Argwohn und fordern eine Entschädigung für jedes Lamm, das verschwindet. Bussarde sind mittlerweile geschützt, und das bedeutet, dass die Adler mehr Nahrung brauchen.

Die Überlebenschancen von Schermäusen oder Wiesenpiepern sind gering. Niemand kämpft darum, die Aale vor den Ottern zu retten; die Otter an der schottischen Westküste haben von Gavin Maxwells Buch *Ein Ring aus hellem Wasser* ebenso profitiert wie die Dachse von *Der Wind in den Weiden* und die Igel von *Frau Tiggy-Wiggel*.

Aber nicht einmal Frau Tiggy-Wiggel kann gegen die Naturschützer von Uist und Barra gewinnen, wo Igel die Möwenküken terrorisierten. Wer kam zuerst, der Igel oder das Ei? Unser Führer auf Uist behauptet, die Igel seien von einem Gärtner eingeführt worden, den die Nacktschnecken zur Verzweiflung gebracht hätten. Der Rest ist Darwin.

Auf Alderney zogen sich die Igel die Missbilligung der Umweltschützer zu, weil sie die Eier und manchmal auch die Küken der bodenbrütenden Regenpfeifer fraßen. Auf Uist geht es um das Schicksal der Watvögel.

Als auf einem weißen Sandstrand auf North Uist eine Gruppe von Küstenseeschwalben an mir vorbeitrippelt, makellos und graziös, verstehe ich, warum man sie retten möchte. Diese Zugvögel legen die längste Strecke von allen zurück; sie fliegen von der Küste der Antarktis bis hierher, um zu brüten. Das Mindeste, was wir tun können, ist, ihre Eier zu beschützen.

Die Komplexität der Ökologie – oder der Schöpfung – ist schwer zu begreifen, aber staunenswert zu beobachten. Ich beginne, die Grundregeln der Naturbeobachtung zu erlernen, Geduld und Spürsinn. Ein Otter verschwindet hinter einem tangbewachsenen Felsen, kommt aber eine halbe Stunde später zurück und wälzt sich auf den Rücken, um vor meinen Augen sein nasses Fell zu glätten.

Als ich zufällig den Kopf wende, entdecke ich eine Sumpfohreule, die mir direkt in die Augen blickt. Wir suchen die Hügelgipfel nach Adlern ab, finden aber keine. Sie sind nicht zu sehen, aber sie sind da.

Wenn ich meinen Vater vor meinem inneren Auge sehe, hält er ein Fernglas hoch. Er nahm die Natur in sich auf, und jetzt nimmt die Natur ihn in sich auf. Unser aller Fleisch ist Gras. Ich trauere nicht mehr, sondern beobachte die Welt der Natur. Und ich denke an das Gebet, an die Fürbitte, die all diejenigen einschließt, die »nicht mehr unter uns weilen«.

Wir kehren bei glühender Hitze nach Norfolk zurück – der Klimawandel beschleunigt sich, was für die Igel generell eine schlechte Nachricht ist. Aber für mich gibt es ein Fleckchen tiefster Zufriedenheit. Neben dem Teich ist ein dunkler, rundlicher Umriss zu erkennen. Ein Igel. Für den Augenblick ist mit der Welt alles in Ordnung.

DANKSAGUNG

Danke an Aurea Carpenter und Rebecca Nicolson, die mich an ihrem aufregenden neuen Verlagsprojekt teilhaben ließen, und an alle Igel-Begeisterten, die ich für dieses Buch interviewt habe. Ein bewundernder Dank an meine vorsichtig beobachtende Mutter Susan Harvey dafür, dass sie lernt, ohne den Schutz ihres Lebenspartners zurechtzukommen.

QUELLEN

S. 10 f., 67, 105: Ted Hughes, »To Edna Wholey«, in: ders., *Letters of Ted Hughes*, hrsg. v. Christopher Reid, London: Faber & Faber 2011, S. 10.

S. 13, 61 f., 68: Beatrix Potter, »Die Geschichte von Frau Tiggy-Wiggel«, in: dies., *Sämtliche Geschichten von Peter Hase und seinen Freunden*, aus dem Englischen von Jan Strümpel, Köln: Anaconda 2015, S. 85, 87 ff., 99.

S. 15: John Donne, »Sonett: ›Du schufst mich‹ (1. Geistliches Sonett)«, in: ders., *Schweig endlich still und lass mich lieben*, aus dem Englischen von Michael Mertes, S. 231.

S. 17: Roger Scruton, *A Political Philosophy*, London: Bloomsbury 2007, S. 77.

S. 20, 109: Philip Larkin, »The Mower«, in: ders., *Collected Poems*, London: Faber & Faber 1988, S. 214.

S. 22 f.: Isaiah Berlin, *Der Igel und der Fuchs: Essay über Tolstojs Geschichtsverständnis*, aus dem Englischen von Harry Maor, Frankfurt a. M.: Suhrkamp 2009, S. 7, 51, 25.

S. 24: Thomas Hardy, »Afterwards«, in: ders., *Collected Poems of Thomas Hardy*, London: Macmillan 1919, S. 521.

S. 33 f.: Ronald Dworkin, *Gerechtigkeit für Igel*, aus dem Amerikanischen von Robin Celikates und Eva Engels, Frankfurt a. M.: Suhrkamp 2012, S. 34, 207.

S. 42 f.: Marc Hamer, *Wie man einen Maulwurf fängt*, aus dem Englischen von Jenny Merling, Hamburg: HarperCollins 2019, S. 158.

S. 44, 75: Plinius d. Ä., *Naturgeschichte*, Band 1, aus dem Lateinischen von Johann Daniel Denso, Rostock/Greifswald: Anton Ferdinand Rösens Buchhandlung 1764, S. 326.

S. 44: Charles Darwin, »Hedgehogs«, in: *Hardwicke's Science-Gossip*, 1. Dez. 1867, S. 280.

S. 49: Sally Coulthard, *The Hedgehog Handbook*, London: Bloomsbury 2018.

S. 55: Beatrix Potter, »Die Geschichte vom kleinen Schwein Robinson«, in: dies., *Sämtliche Geschichten von Peter Hase und seinen Freunden*, a. a. O., S. 332.

S. 56 f.: Matthew Dennison, *Over the Hills and Far Away: The Life of Beatrix Potter*, London: Head of Zeus 2017, S. 12, 149.

S. 57: John Everett Millais, zitiert nach: ebd., S. 80.

S. 58: William Shakespeare, *König Richard III.*, 1. Aufzug, Zweite Szene, aus dem Englischen von August Wilhelm von Schlegel [1810], Berliner Ausgabe 2013, S. 12.

S. 59: Beatrix Potter, *The Journal of Beatrix Potter from 1881 to 1897*, London: Penguin 2012, Eintrag vom 21. Sept. 1883.

S. 60: Potters Brief, zitiert nach: Margaret Lane, *The Tale of Beatrix Potter*, London: Frederick Warne 1970, S. 92.

S. 62 f.: Jacques Derrida, *Was ist Dichtung?*, aus dem Französischen von Alexander García Düttmann, Berlin: Brinkmann & Bose 1990, ohne Seitenzählung.

S. 62 f.: Friedrich von Schlegel, *Philosophische Lehrjahre*, Teil I (= Kritische Friedrich-Schlegel-Ausgabe, Band 18), Darmstadt: Wissenschaftliche Buchgesellschaft 1963, S. LX f.

S. 64, 66: Jacques Derrida, *Das Tier, das ich also bin*, 2. Aufl., aus dem Französischen von Markus Sedlaczek, Wien: Passagen 2016, S. 47, 62, 50, 52, 51.

S. 64: Martin Heidegger, *Die Grundbegriffe der Metaphysik. Welt, Endlichkeit, Einsamkeit*, Frankfurt: Vittorio Klostermann 2004, S. 273.

S. 65: John Gray, *Von Menschen und anderen Tieren: Abschied vom Humanismus*, aus dem Englischen von Alain Kleinschmied, Stuttgart: Klett-Cotta 2010.

S. 66 f.: Samuel Beckett, *Gesellschaft. Eine Fabel*, aus dem Englischen von Elmar Tophoven, Frankfurt a. M.: Suhrkamp 1981, S. 47 ff.

S. 68: Paul Muldoon, »Igel«, in: ders., *Auf schmalen Pfaden durch den tiefen Norden. Ausgewählte Gedichte Englisch/ Deutsch*, aus dem Englischen von Margitt Lehbert und Hans-Christian Oeser, München: Hanser 1998, S. 37.

S. 73: Hugh Warwick, *A Prickly Affair: The Charm of the Hedgehog*, London: Penguin 2008.

S. 73: Jezreel Jones, »An Account of the Moorish Way of Dressing Their Meat (with Other Remarks) in West Barbary, from Cape Spartel to Cape de Geer«, in: *Philosophical Transactions* 21 (1699), S. 248–258, hier: S. 254.

S. 73 f.: Y. Fernández-Jalvo, P. Andrews, C. Denys, »Cut marks on small mammals at Olduvai Gorge Bed-I«, in: *Journal of Human Evolution* 36 (1999), S. 587–589.

S. 76 f.: Gilbert White, *Die Erkundung von Selborne durch Reverend Gilbert White. Eine illustrierte Naturgeschichte*, aus dem Englischen von Rolf Schönlau, Berlin: Die Andere Bibliothek 2021, S. 113 f.

S. 86: T. S. Eliot, »Burnt Norton«, in: ders., *Vier Quartette – Four Quartets. Englisch und deutsch*, aus dem Englischen von Norbert Hummelt, Berlin: Suhrkamp 2015, S. 9.

S. 92: Aurelius Augustinus, »Nachtgebet«, in: *Evangelisches Gesangbuch. Ausgabe für die Evangelische Landeskirche Anhalts, die Evangelische Kirche Berlin-Brandenburg-schlesische Oberlausitz, die Evangelische Kirche der Kirchenprovinz Sachsen*, Leipzig: Evangelische Verlagsanstalt 2011, 486.

S. 97: William Wordsworth, »Liberty«, in: ders., *The Poems of William Wordsworth*, London: Moxon 1845, S. 396.

S. 120: Clive S. Lewis, *Über die Trauer*, aus dem Englischen von Alfred Kuoni, Düsseldorf: Patmos 2006, S. 9 f.

S. 123: Blaise Pascal, *Über die Religion und über einige andere Gegenstände (Pensées)*, aus dem Französischen von Ewald Wasmuth, Heidelberg: Lambert Schneider 1946, S. 133.

S. 125, 145 f.: Kenneth Grahame, *Der Wind in den Weiden*, aus dem Englischen von Harry Rowohlt, Zürich: Kein & Aber 2004, S. 13, 66 f.

S. 128: Kenneth Grahame, zitiert nach: Elisabeth Galvin, *The Real Kenneth Grahame: The Tragedy Behind The Wind in the Willows*, Barnsley: White Owl 2012, Kap. 24.

S. 129 f.: Evan Thompson, *Waking, Dreaming, Being. Self and Consciousness in Neuroscience, Meditation, and Philosophy*, New York: Columbia University Press 2014, S. 281 ff.

S. 129 f.: Dylan T. Lott u. a., »No Detectable Electroencephalographic Activity After Clinical Declaration of Death Among Tibetan Buddhist Meditators in Apparent Tukdam, a Putative Postmortem Meditation State«, in: *Frontiers in Psychology* 11 (2021), Artikel 599190, S. 2.

S. 131: John Donne, »Vertagte Auferstehung / Holy Sonnet 7«, in: ders., *Erleuchte, Dame, unsere Finsternis: Songs, Sonette, Elegien*, aus dem Englischen von Wolfgang Held, Frankfurt a. M./Leipzig: Insel 2009, S. 81.

S. 132 f.: Luca Rossini u. a., »Beyond astronaut's capabilities: a critical review« [57th International Astronautical Congress, Paper IAC-07-A5.2.04], Valencia/Spanien, 2.–6. Okt. 2006.

S. 135 ff.: Pat Morris, Allison Tutt, »Leucistic hedgehogs on the island of Alderney«, in: *Journal of Zoology* 239 (1996), S. 387–389.

S. 140 ff., 147: T. H. White, *Der König auf Camelot*, Band 1, aus dem Englischen von Rudolf Rocholl, Stuttgart: Klett-Cotta 1984, S. 27 f., 162 ff., 182, 181 f.

S. 158 f.: Stephen J. Gould, *The Hedgehog, the Fox, and the Magister's Pox. Mending the Gap between Science and the Humanities*, Cambridge (MA): Harvard University Press 2011, S. 7.

S. 165: Adomnán of Iona, *Life of St Columba*, London: Penguin 1995, 3. Buch, Kap. 23.

Alle Zitate, bei denen kein Übersetzername angegeben ist, wurden von Sofia Blind ins Deutsche übertragen.